U0946707

·第一本密码技术科普与普法书·

你的密码安全吗？

安全使用密码技术的法律规定

Cryptography Security and Law

原　浩◎著

中国·武汉

图书在版编目（CIP）数据

你的密码安全吗？：安全使用密码技术的法律规定 / 原浩著.
—武汉：华中科技大学出版社，2021.3
ISBN 978-7-5680-7005-8

Ⅰ.①你… Ⅱ.①原… Ⅲ.①密码－法规－中国
Ⅳ.①D922.17

中国版本图书馆CIP数据核字（2021）第043884号

你的密码安全吗？：安全使用密码技术的法律规定 原 浩 著
Nide Mima Anquan Ma? : Anquan Shiyong Mima Jishu De Falv Guiding

策划编辑：郭善珊
责任编辑：孙 倩
责任校对：王晓东
封面设计：李 宁
责任监印：朱 玢
出版发行：华中科技大学出版社（中国·武汉） 电话：（027）81321913
武汉市东湖新技术开发区华工科技园 邮编：430223
印 刷：北京富泰印刷有限责任公司
开 本：710mm × 1000mm 1/16
印 张：13.75
字 数：110千字
版 次：2021年3月第1版第1次印刷
定 价：58.00元

前　言

本书是一次对现代密码技术与法律进行“费力不讨好”的科普与普法的尝试。

书名所说的“密码”在网络活动的日常运用中和密码学的专业语境下具有不同的含义，“你的密码”通常指登录网站等各种应用的“口令”。这些“口令”可能是一些读者所心仪的数字和字母的组合，这些鲜活的组合对于读者本人具有意义，由于没有进行任何密码技术上的“变换”，因此只是少有人知的秘密。但是，当这些“口令”通过杂凑算法、对称加密算法的各种变换“抽象”，变成了另外一列毫无意义的“冷漠”组合之后，却具有了密码学和密码法所指密码的意义。从密码的概念出发进行技术、法律等不同层面的澄清与解释，本身就显得枯燥而无趣。

正如读者从本书或其他途径所知的，密码技术已经成为网络空间的默认标配，并以各种不被察觉的方式应用于生活、工作的各种场景。一方面，我国乃至全球数以亿计的网络用户无时无刻不在驾驭着“高端”的密码技术，对密码和其他信息技术运用娴熟；另一方面，我们却无视也无须关心这些技术是如何架设和实现的，甚至密码漏洞的披露、个人信息的泄露都体现出与个人的“无关性”。

因此，当本书自以为是地从《中华人民共和国密码法》（以下简称《密码法》）的结构出发，尝试对密码技术的概况和法律本质进行诠释，语重心长地试图对如何正确使用密码和不正确使用密码可能导致的法律责任进行解读时，也在一开始就背离了技术本身应当具有的透明化、便捷性和愉悦感，甚至加剧了读者的困惑。

当然，从寻求合理性的角度考虑，本书尝试的努力或许不会完全无效。毕竟当代“网民”已经极具经验和素养，经历过从娃娃抓起的基础教育和技术培育，拥有各种技术爆发的极致体验，承受着个人信息泄露的无奈，甚至还从大国博弈的高度考虑过全球化、数字化的各种利弊，理应有对技术底层及其实质的深刻思考。这些思考不仅影响着人际关系、人机关系的现在，也决定着生而为人的物种及星球的未来。

感谢导师马民虎教授从1999年以来的长期指导，彼时密码领域刚刚开启了《商用密码管理条例》所代表的监管1.0时代，随马老师参与的2014年以来国家密码管理局《密码法》起草和释义研究课题等实践，使得笔者对密码的无知变换成一种无畏的力量；感谢华为消费者BG软件首席安全技术官、密码学博士陈恺对本书技术部分的审阅，他的帮助使得本书对密码技术和法律的碰撞与发挥成为可能；公安部第三研究所黄道丽研究员通读了全书，对专业性与趣味性的取舍平衡表示了肯定。华中科技大学出版社的郭善珊老师和编辑同仁确定了本书的框架安排并耐心审核了全书。本书与《密码法》的章节设置相对应，不至于散漫无序地从古典密码学开始谈起，读者只需按照《密码法》的章节顺次展开，即可形成现代密码学主要内容与法律条文的对照。

《密码法》开启的密码监管2.0同样具有时代性，而未知的密码领域带来的对监管法律和实务的挑战才刚刚开始。比如，密码无法最终解决“信任”的问题，因为信任意味着信息无须加密；再比如，我们无法评价《密码法》对量子加密的有效性。因此，或许我们应当承认无论技术或是法律都有局限性，而这一局限性又直接源于人类自身发展的阶段性。期待读者们以密码这一“信息技术之冠”为视角，以包括信息技术、生物技术以及能源技术等在内的时代变革为契机，以《密码法》等技术性法律为有用之器，保持思索，迎接恢弘。本书写作仓促，谬误之处还请读者指正。

原浩

2020年10月于不一样的海

目　录

第一章

密码与密码的法律监管

法律用惩罚、预防、……来保障各种利益，除此之外，人类的智慧还没有在司法行动上发现其他更多的可能性。

——［美］罗斯科·庞德

《密码法》第一章围绕密码的技术功能分别规定了立法目的原则、监管体制机构、密码技术促进、密码人才教育、密码预算保障等内容，并明确了密码分类管理的具体监管方式。一旦通过功能对密码进行了法律定义与属性描述，法律就开始对利用密码开展的各种密码活动所产生的法律后果予以规范。

一、密码危机与密码法需要考虑的那些事

随着计算机和各种智能设备的存储、处理能力增强和成本降低，通过加密等复杂计算方式保护数据的做法得到普及，而对个人信息和隐私保护意识的提升，也使公众迫切需要通过加密等方式获得安全感。有研究发现，2019年互联网（Internet）中有87%的信息使用了不同的加密方式以防止第三方访问和获取。

通过选择可用的加密保护方式，企业和个人可以有效地保护商业秘密、个人隐私等敏感数据。例如，企业通过具有加密功能的存储设备（加密硬盘、移动设备）对存储的数据进行加密，只有经过

身份验证的人员才能访问该信息，即使设备失窃，也可以部分消除数据泄露的忧虑。再如，目前包括购物、邮箱，甚至车票订购等在内的众多在线服务已经开始对平台上的通信进行加密。例如，在访问网络地址时，我们会发现早期默认的http开头已经悄然升级到了https，这个“s”即表示增加了传输层加密协议SSL，其中内容仅会话参与者可用。对于智能终端，比如手机设备中的即时通信工具（或者称之为“社交软件”），实现端到端加密（E2EE）已经成为应用程序（APP）开发者推崇的“噱头”。

加密技术的广泛应用虽然提高了个人和企业保护各类非公开信息的安全性，但同时也给执法机构维护社会公共安全乃至国家安全带来挑战。例如，2017年，众所周知的勒索软件“Wannacry”通过加密用户计算机的特定类型数据，威胁用户在指定时间内支付比特币“赎回”数据，众多个人用户和公共服务深受其害。再如，无法登录或访问某些设备或应用，执法机构难以提取犯罪嫌疑人智能手机上的数据。甚至在20世纪90年代，美国发生了围绕密码进出口的所谓“第一次密码战争”。而密码作为“军用”技术的“民用化”，也可能对通过加密网络传递和处理的国家秘密构成威胁，据称美国等设计和部署的“震网”计算机病毒由于采取了加密机制，在持续破坏伊朗核设施的过程中未被发现。

密码技术如此关键，早在1997年，发达国家“俱乐部”——经合组织（OECD）就发布了《密码政策指南的建议》（Recommendation Concerning Guidelines for Cryptography Policy）。该建议认为，密码技术对于全球信息通信网络技术和电子商务的发展都至关重要，应当尊重国家密码政策、立法的执行，并应当通过密码应用保护各方基本权利，包括通信安全和个人数据保护，应考虑在“促进密码使用的同时不会危害公共安全、执法和国家安全”。建议的指南部分明确了各国在国家和国际层面确立密码政策应当遵循的八项基本原则，包括依法有权使用密码技术、市场驱动密码发展、隐私和个人数据保护、合法访问等。因此，密码技术和应用牵涉到包括国家、公众、企业和个人在内的各种主体的权利义务，《密码法》正是为安排和协调这些不同，甚至相互冲突的利益与诉求而生的。

《密码法》的立法定位并未局限于既有的密码技术、产品，而是通过对密码活动主体、密码服务的弹性扩充实现对前沿密码问题的规范和调整。面对未来，密码问题大概如下：

（1）基于云计算的服务，端到端加密的使用范围不断扩大，不仅可以保护传输中的数据，即时通讯工具的端到端信息加密，或者邮件的端到端内容加密，还可以确保存储在云端的数据得到保护，在此情况下任何第三方［甚至云服务提供商（CSP）］都无法访问。在这种情况下，法律所面临的主要问题是，社交软件开发者、云服务提供商不持有密钥（key），是否还具有相应的解密能力，是否还应当向执法机构履行协助解密的义务。目前国内外都存在一些争议。2020年12月围绕欧盟理事会决议《加密保障安全和加密的安全问题》（Council Resolution on Encryption-Security through encryption and security despite encryption）展开的公开而广泛的社会辩论又将这一“隐私与执法”的冲突带回公众视线。

（2）为应对云计算、大数据等分布式、异构化信息技术的发展，密码技术也“进化”出了同态加密、多方计算等技术，持续推动数据处理和安全能力的再平衡。同态加密使得用户能够在无须解密的情况下分析、处理数据，从而确保数据的保密性。多方计算允许不同数据输入的多个用户协作分析这些数据，而不会透露彼此输入的数据，因此“黑客”难以发现可供利用的单点脆弱性。这些技术的发展对“传统”的加密与解密的对应关系提出挑战——好像没有解密，我们的数据就不会泄密。

（3）密码技术的应用“门槛”进一步拉低，SSL、IPsec（Internet安全协议）、S/MIME（安全/多用途Internet邮件扩展）、WPA2（应用于Wi-Fi无线网络的保护访问协议2）等密码协议通过整合密码算法、密钥管理进一步提高了Web和应用的安全性。网站、应用可以使用这些协议保护服务器与用户浏览器、应用程序之间的通信安全，如日常的网络登录和收发邮件，敏感任务包括在线报税、电子交易等等。这些包括密码技术在内的网络技术构成了我们目前所使用的网络的基础架构，但大多指向了一类软件的共性——开源软件。尽管多数人认可开源软件由于源码的公开，可以有更多的专业人士进行代码审查，从而降低其漏洞等软件缺陷出现的风险，但开源软件的开放和免费意味着其往往难以获得“充沛”的资金和维护支持。2014年，来自Codenomicon和谷歌安全部门的研究人员发现OpenSSL的源码中存在一个漏洞，可以让“黑客”获得网站服务器上的某些数据内容，这个漏洞如此严重，以至于被称为“心脏出血漏洞”[①]。如何降低和缓解密码漏洞的风险，提升整体网络基础架构的稳健程度，也是《密码法》需要回应的问题。

---

① “OpenSSL心脏出血漏洞全回顾”，https：//www.freebuf.com/articles/network/32171.html.

（4）密码技术发展的一大特征是不断整合其他技术，比如密码技术与生物识别技术的结合，能够通过指纹、掌纹、“脸纹”证明正在进行认证的用户就是其所声称的那位用户——你就是你。生物识别和认证技术随着成本的降低已经遍布于网络应用的很多方面，这就导致另一个也是非常根本性的网络安全风险问题——对这些个人生物特征的收集是否必要与合理。比如，能够通过账号和“密码”方式进行认证的，是否一定需要人脸识别？是否能够给予适当的保护避免泄露和滥用？2019年9月，因为可以通过人工智能深度学习而简单易行的“变脸”——在“脸即密码”的情境中，变脸也有了《密码法》第二条的“变换”的意味——可以实现各种以假乱真的人物场景，包括ZAO软件在内的很多“深度伪造”的人脸技术受到监管和公众的质疑。即如果在支付过程中，“黑客”利用收集的“脸纹”伪造用户的脸，是否可以突破APP的验证程序？

（5）物联网（IoT）和下一代移动通信技术（5G）也对密码监管提出了一些独特的挑战。物联网设备的功耗和计算能力较低，这限制了使用强加密的能力，但数十亿的设备的实时互联和交互又必须使用加密或类似措施才能保护设备收集、存储和传输的所有信息，实现对设备的准确操作。

（6）我们一直关注到的，量子计算既带来挑战，又带来机遇。一方面量子计算机可能通过轻松突破目前密码算法所依赖的计算模型和数学基础，使得现有的某些密码技术失灵（解密）。另一方面，量子计算利用量子属性开创了新的加解密方式，这种方式将可能比目前使用的密码技术更加安全。

二、密码的技术和法律定义：哪些是密码，哪些不算

《密码法》第二条从密码功能的角度给出了密码的法律定义，讲到了密码的两种主要功能：加密保护和安全认证。通过加密保护信息和数据是密码最基本的功能。[①]

加密描述的是将直接可读数据转换为不可直接读取格式的过程。其中，加密前的可读数据一般称为“明文”，通过各种变换、干扰后的不可读取数据称为“密文”。对于密文，只有具有正确密钥的授权主体才能进行解密。没错，这个加密的过程用传统的钥匙与门锁的关系类比非常贴切，因此用于解密的信息也称为“密钥”。

在实际使用中，加密所涉及的密码技术包括密码算法、密钥管理和密码协议等，只有这些过程“严丝合缝”、协调一致，才能实现有效的加密。任何一个环节出现疏漏，都可能产生密码“漏

① 在《中华人民共和国网络安全法》（以下简称《网络安全法》）中，保护或监管的直接对象是“信息”，而在《数据安全法》的立法起草中，则是“数据”。信息与数据的概念一直是值得辨析的问题。

洞”，导致加密保护的目的无法实现。

简单地讲，密码算法是利用数学公式和计算步骤，列出了计算机进行加密和解密信息的相应过程。加密和解密分别需要唯一的密钥（可以理解为一串随机的字符串）。密钥管理涉及密钥的生成、存储、分发和销毁等机制，也就是如何产生唯一的随机的字符串，如何安全地存储密钥，如何将密钥安全地传递到用户的设备、系统或应用上，不再使用的密钥应该如何安全地进行销毁等等。密码协议既然是协议，根本上就是参与加解密活动的各方（人与计算机）应当遵循的“交流信息”的约定和规则。通常包括对传输的数据规格的约定，通信各方如何“握手”的约定，密钥如何交换的约定，发生错误如何“报警”的约定等等，上面提及的SSL就是典型的密码协议。经常看谍战片的读者可以想象地下工作者接头的一系列安排。

现代密码算法大体可以分为两种基本类型（包括我国在内，对商用密码进行了进一步的细分，本书相关章节也会进一步提及）。一种是对称加密，使用相同的密钥加密和解密，目前使用最多的是AES、SM4算法。另一种是非对称加密，使用两个不同的密钥：一个为公钥，一个为私钥，使用最多的有RSA算法和ECC（椭圆曲线）算法。在使用非对称加密的情况下，发信人使用可公开获取的（收信人的）公钥加密邮件、文件等信息，而只有收信人的私钥才能解密。不同类型的密码算法也通过不同的密码协议进行了约定和实现。

《密码法》第二条讲到的密码的第二种主要功能就是安全认证。对于安全认证，有两种不同的理解：一种观点认为安全认证是“依附”或者“从属”于密码的加密保护功能的“衍生”特性，也就是说没有不出于加密保护动机或目的的安全认证；另一种观点认为安全认证是独立于加密保护的独立特性，随着社会发展，出于鉴别人员、设备，以至系统、网络身份的考虑，不断涌现出各种安全认证的方法，只是密码的安全认证是目前行之有效的“较优”方案——两种说法都对！加密保护面临的是对不特定多数人使用的不安全网络的不信任问题，安全认证解决的是特定人之间建立信任的过程。时至今日两者确实已经通过密码协议约定、密钥分配管理和密码算法实现形成了密不可分的关系。

从《网络安全法》第十条规定的保护目的之一“维护网络数据的完整性、保密性和可用性”看，实现网络数据安全的“三性”中，密码可以提供保密性，也可以实现完整性，进而通过前两者也实际达到了授权用户访问授权信息的“可用性”（可用性的另一层含义指向系统、网络的稳健程度，比如谷歌、微信如果宕机——事实上每年都有“些许”的时间，这些系统、应用会短时间“崩溃”——则认为是对可用性的损害）。对于不同主体（与客体）之间使用密码进行的安全认证，就在于通过验证双方交互信息的完整性，实现对各自身份的鉴别与权限的匹配（关系意味着权限），并形成不可抵赖的身份和行为证明。

一般认为，安全认证是在20世纪90年代之后，随着非对称加密算法成熟才得以普及的，在现代密码学的经典案例中，Alice和Bob（A和B，相当于中文的甲和乙）通过引以为豪的非对称加密算法（传递了对称密码产生的密钥），突破了系统不兼容、各种“中间人”攻击的障碍，最终在不安全的公共网络中确认了双方身份，建立了联系，并实现了后续的安全通信。实践中由于非对称加密算法的加密效率略低，不适宜做“大数据”加解密，因此主要用于密钥等“短消息”的加密。完整的安全认证和加密保护是结合了散列算法、非对称加密算法和对称加密算法等在内组成的“密码系统”。一个使用非对称加密算法实现身份认证（密钥传递）过程的简单描述是这样的：

（1）Alice需要发送信息m给Bob；

（2）Alice用Bob的公钥PU（b）加密m并发送；

（3）Bob接收加密后的信息，用只有自己知道的自己的私钥PR（b）进行解密，得到m。

这里的公钥与私钥是一对（私钥生成公钥），但两个密钥不同（因此得名为非对称加密算法）。如果用公钥对数据进行加密，只有用对应的私钥才能解密；如果用私钥对数据进行加密，那么只有用对应的公钥才能解密（比如比特币的加密思路）。

通过密码系统提供的整合加密保护与安全认证的功能，可以对邮件等信息的内容进行加密传输与交换，验证信息的来源，证明信息在收发过程中未经篡改，并能够防止发件人抵赖或否认发送了信息（就像在信息上形成了发件人的签字盖章，因此也称为电子签名）。随着密码技术的发展和成熟，密码已经在各种系统与场景中普遍使用，极大提高了消费者和企业用户的安全性。

整体上，以加密保护与安全认证为主要功能的密码保护方式已成为互联网络等公共网络的安全基础，各行各业都使用基于密码技术或整合密码功能的产品、服务（有时候也称之为密码模块）存储和传输敏感数据。加密使消费者能够安全访问诸如电子邮件、在线购物和手机银行之类的主流业务，以及需要密码的其他服务，比如社交网络和远程物联。

常见的国内外密码（算法）表：

	对称密码算法	非对称（公钥）密码算法	杂凑（哈希）算法
国际	DES、AES	RSA、ECC	MD5、SHA-1、SHA-3
国内	SM4、ZUC	SM2、SM9	SM3

（1）在进行登录网站、访问网页、在线交易等网上活动的时候，用到的账号和“密码”是不是属于《密码法》所说的密码

很遗憾，我们通常在登录网站、邮箱、各类手机应用（APP）时输入的“密码”[①]不属于《密码法》所说的密码。原因很简单，这个“密码”不符合《密码法》对密码的定义！因此一旦用户使用的账号和“密码”丢失，“黑客”就能够毫不费力地直接访问用户存储在各种APP中的信息和数据。

按照国家密码管理局《密码政策问答（二）》的标准答案，《密码法》中的密码（cryptography），是指采用特定变换的方法对信息等进行加密保护、安全认证的技术、产品和服务。而人们日常接触的计算机或手机开机“密码”、微信“密码”、QQ“密码”、电子邮箱登录“密码”、银行卡支付“密码”等,实际上是口令（password）。口令是进入个人计算机、手机、电子邮箱或银行账户的“通行证”，是一种简单、初级的身份认证手段，“口令”不在《密码法》的管理范围之内。

---

① 即“口令”。为了统一明确，本书对不属于《密码法》定义的密码概念，以加引号的形式来区分。

下图给出了“口令”和密码实际应用的情形。为方便起见，本书主要附图均以PDF格式文档的官方阅读和编辑软件Adobe Acrobat为例介绍，其他应用程序也有类似功能实现，读者可触类旁通。Adobe Acrobat提供了增强文件安全性的口令安全和证书安全选择，通过选择菜单栏的文件—属性—安全性，下拉选择安全性方法，即可选择口令或证书增强文档安全。在使用口令增强文件安全性时，会显示当前使用的加密级别（版本越高，AES的密钥位数越长）。在使用口令安全时，我们使用到的就是密码的加密保护功能；在使用证书安全时，则可以进一步选择数字身份用于加密（也可进行数字签名，见本书数字签名相关章节内容）。在使用口令安全性时，除了对称加密算法的应用外，也会要求用户选择设置文档打开口令或更改许可口令。这是一例口令与密码共同使用以保护文档的实际应用。

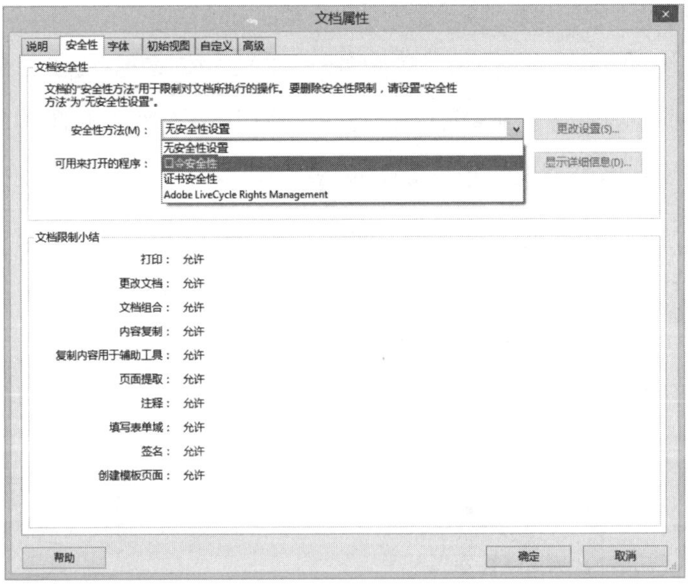

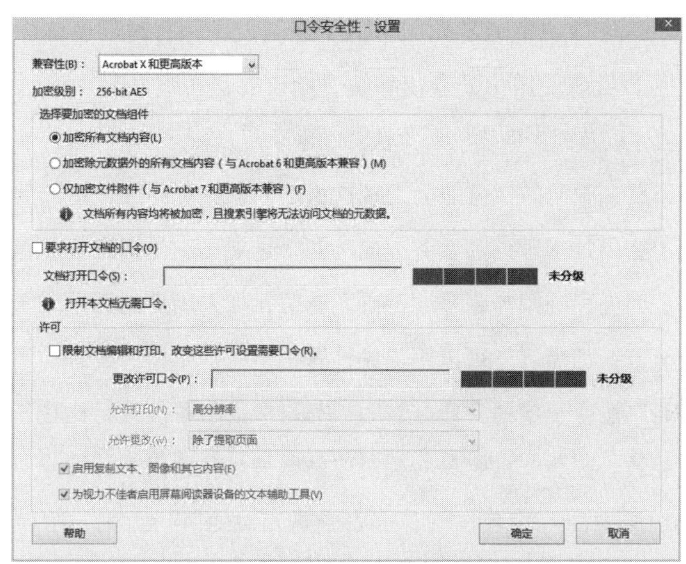

为了保护用户的账号和“密码”，现在很多网站、应用通过对用户的账号和“密码”进行真正意义上的加密的方式进行保护（比如最为普遍的，将账号和“密码”进行哈希化的散列算法），这不仅是因为各种安全事件频发的触动，也是因为我国《网络安全法》第二十一条明确规定了网络运营者的网络“安全保护义务”。网络运营者应当“采取数据分类、重要数据备份和加密等措施”，保障网络免受干扰、破坏或者未经授权的访问，防止网络数据泄露或者被窃取、篡改，否则就可能承担《网络安全法》甚至《中华人民共和国刑法》（以下简称《刑法》）规定的法律责任。

那么，如何使用哈希算法对“密码”进行密码保护？一般而言，哈希算法将任意长度的二进制值（比如用户的账号和“密码”，在密码学中，我们也称之为“明文”）映射（转换）为“一串”固定长度且“唯一”的二进制值，这个二进制值称为哈希值

（由于这个哈希值通常比明文的二进制值少，有时候也称为“摘要”）。目前使用中的杂凑算法（哈希算法）有MD5、SHA-1、SHA-3，以及国产商用密码算法SM3等等。

当然，聪明的你可能会发现这里的问题——同样这里的问题也体现了密码技术理论和实务方向的两个进展——《密码法》也对此作出了回应，一则与账号“密码”有关，如果用户的账号“密码”比较简单，“黑客”可以用预先计算得出的哈希值，或者使用之前“密码”泄露形成的“彩虹表”，与窃取的哈希值进行比较，如果检索一致，则会非常容易找到对应的账号与“密码”。因此，网络安全领域中的一句名言就是“安全是相对的”。二则与哈希算法MD5有关，尽管我们说每个账号“密码”产生的哈希值是唯一的，但唯一也不是绝对的，在2004年国际密码学会议上，王小云教授指出“给定消息 M1，能够找到不同消息 M2 产生相同的散列值，即产生 Hash（哈希） 碰撞”，大概就是说，可能存在两个不同的账号“密码”，哈希值是一样的。密码杂凑算法如此重要，以至于王小云教授认为“Hash函数是区块链的起源性技术”，而基于密码的区块链技术已使数字货币的发行与应用成为现实。

（2）二维码算不算经过了特定变化的密码

通常情况下，我们目前在手机支付中使用的二维码是特定几何图形按照一定规律在平面（二维方面）上以黑白相间的形式记录数据符号信息（大家看到的无序图块，实际上二维码上也会分为功能图形区和编码区），再由图像输入设备或扫描设备识别和实现信息处理，也就是从图形变化到文字，本质上也可认为是不同类型的编码转换。但由于每种编码具有相对固定的对应字符集，任何安装了相应字符集的智能手机都可以实现“你扫我”和“我扫你”的功能。因此尽管这些二维码人眼无法识别，但所有的手机都可以直接准确地读取其中的信息，既然对所有手机都直接可见，故而不属于严格意义上的密码。

但既然二维码是一种广泛使用的标配技术，且经常参与与交易有关的活动，因此也可以通过附加额外的（包括加密）技术来增强安全性。

（3）生物认证技术，比如指纹、面部识别这些热点技术，是不是也属于《密码法》的调整范围

目前已经使用到的生物技术，一般包括生物识别和认证两个步骤，认证在国内有时也称为“鉴别”。生物技术的基本“素材”包括指纹、虹膜、面部、步态等等，不一而足。单纯的生物特征用于识别用户身份，其实类似于上文所称的“密码”（口令），只不过这个特征不是基于用户对某种知识的掌握（口令可以被视为用户掌握的某种知识），而是利用了用户先天的相对唯一、相对稳定的生物特征。因此，单纯通过生物特征识别和对应具体用户，不属于密码技术，只有将生物识别与认证的过程统一起来，严格按照密码协议实现才属于《密码法》意义上的密码。比如将收集的用户生物特征通过上文所述的哈希化进行散列算法加密保护，或者在使用SSL的网站登录时通过“多因素认证”核实用户的真实性。这里的“多因素认证”，第一重认证是用户输入账号和“密码”，第二重可能是向绑定手机发送验证码，也可能是进行人脸识别或声音识别等，这些信息的传递都是通过前文所说的https进行的。

（4）《密码法》说的密码包括量子密码吗

在《密码法》下讨论量子计算机是非常困难的事情，很大程度

上是因为量子计算机的商用化和个人化仍然任重道远——操作现有的量子计算机大都需要严苛的环境以实现超导量子比特（例如中科院、IBM和谷歌的绝对零度；霍尼韦尔采用了不同的设计——离子阱；微软和英特尔则在寻求其他方法）。法律是调整关系和安排行为的社会化控制机制，对非普遍性的权利义务难以发挥其经济性，但只要量子计算机的密码用于实现加密保护和安全认证，就应当属于密码的范畴，从而也受到《密码法》的调整和规范。

量子计算机对目前密码技术的挑战主要有两方面，一是抗量子加密技术（PQC）。量子计算机超越经典计算机的计算能力可能瓦解既有密码所依赖的数学基础，例如目前广泛使用的非对称加密算法RSA的数学基础大数因子分解（素数分解）。公开信息显示，1997年，彼得·肖提出了在量子计算机上实现素数分解的有效算法。2001年，IBM已能在量子计算机上实现大数（小的大数）因子分解。2017年，中国首台多光子可编程量子计算机问世。2019年，谷歌的量子计算机“Sycamore”宣称“量子霸权”已经实现，“在世界第一超算（超级计算机）Summit 需要计算 1 万年的实验中，谷歌的量子计算机只用了 3 分 20 秒”。霍尼韦尔则表示超过IBM，该公司据称目前（2020年6月）拥有世界上最快的量子计算机H0。[①]考虑到量子计算机对现代密码，特别是非对称密码和较短密钥位数对称密码的威胁，以美国国家标准与技术研究院（NIST）启动后量子时代密码项目为标志，各国开始关注抗量子解密的密码技术，也有说法直接

① “霍尼韦尔研发出世界上最快量子计算机”，https://tech.163.com/20/0623/06/FFPNMVUU00097U7T.html? tdsourcetag=s_pctim_aiomsg.

称之为进入了“后量子密码时代”——量子时代还没有到来就进入了后量子时代，这大概也是量子测不准原理的一种宏观应用吧。

另一个方面是量子密钥分发（QKD）。以量子测不准原理为理论依据，以“当前量子态作为密钥”的量子加密正在成为下一代密码的主要候选项。在美国对技术出口实施监管的主要规则《出口管理条例》（EAR）的定义中（没错，监管规则属于法律的范畴），密码为“以数据转换的规制、手段和方法隐藏数据的信息内容，防止未监测的修改或非授权使用。密码限于使用一个或多个秘密参数（如加密变量）和/或相关联的密钥管理来转换信息”；而量子密码指“通过测量物理系统的量子力学特性，建立密码学共享密钥的系列技术（包括由量子光学、量子场论或量子电动力学明确规范的物理特性）”。除了与对称加密算法进行比较的量子计算机理论上“一次一密”的加密保护实现之外，通过量子加密传输密钥也是备受关注的领域，最为知名的有BB84量子密钥分发协议和2010年之后快速发展的MDI-QKD协议。2020年6月，我国利用纠缠光子和卫星（“墨子号”卫星）在地球上的两个地面站（坐落于德令哈和南山）之间建立起安全连接，实现了超过1000千米的光子密钥分发。

2020年11月，美国国家安全局发表了《量子密钥分发和量子密码》[Quantum Key Distribution（QKD）and Quantum Cryptography（QC）]政策报告，报告从工程实践、网络架构等方面指出了当前量子密钥分发的安全困境；2021年1月，中国信息协会量子信息分会发布了《量子密钥分发的技术挑战及应对分析》作为回应。可以预见，未来在量子密码领域的“神仙打架”还将持续，但无论如何，量子密码超出了《密码法》的调整范围。

三、密码的法律监管机构

习近平主席在2014年4月主持召开中央国家安全委员会第一次会议时提出的“总体国家安全观”是一个严肃的话题，要构建集“政治安全、国土安全、军事安全、经济安全、文化安全、社会安全、科技安全、信息安全、生态安全、资源安全、核安全等”于一体的国家安全体系。

从总体国家安全观与民众的关系上看，一是对个人与国家安全态势的紧密关系需要有整体性认识，我国面临多元复杂的安全威胁，外部阻力和挑战增多，生存安全问题和发展安全问题、传统安全威胁和非传统安全威胁相互交织，维护国家统一、领土完整、发展利益的任务相当艰巨，各种矛盾、风险、挑战不断聚集。我国与世界的关系日益密切，互动日益频繁，相互影响日益广泛和深入，世界不安定因素对我国影响日益明显。国际市场、海外能源资源和战略通道安全，海外机构、人员和资产安全等海外利益安全问题凸显。二是我们也应当意识到，总体国家安全观强调以人民安全为宗旨，以政治安全为根本，以经济安全为基础，以军事、文化、社会安全为保障，以促进国际安全为依托，走出一条中国特色国家安全道路，其回应的是广大人民群众对安全的根本期待——国泰民安。①

一般认为，网络环境下的密码安全属于总体国家安全观中的信息安全，而实践中的密码则可能涉及安全的很多方面，在总体国家安全观指导下的《密码法》原则上，“统一领导、分级负责”明确的是对密码活动的监管架构；“创新发展、服务大局”强调的是密码技术对技术创新和社会发展的支撑与保障，同时密码技术本身也需要创新发展；“依法管理、保障安全”则意味着应体现密码对保障网络安全的独特作用，应依法进行监管与规范。

1、密码领导机构

《密码法》第四条规定，我国中央密码工作领导机构是中央密码工作领导小组，第五条的国家密码管理部门（国家密码管理局）通过“四级密码工作管理体制”体现中央密码工作领导小组对密码工作的领导。

按照2018年3月《国务院关于部委管理的国家局设置的通知》（国发〔2018〕7号）的明确规定，国家密码管理局与中央密码工作领导小组的常设机构——中央密码工作领导小组办公室，一个机构两块牌子，列入中共中央直属机关的下属机构序列。中央密码工作领导小组办公室和国家密码管理局在实际人员配置上可能存在部分重合，但在层级序列与职责配置上不完全一样。

---

① “总体国家安全观：维护和塑造国家安全的行动指南”，http://www.xinhuanet.com/legal/2019-04/13/c_1210107592.htm.

中央密码工作领导小组的领导职能体现在三个方面，其具体内容涉及与公众息息相关的下列事项：（1）制定国家密码工作重大方针政策，这里就包括了与公民、企业使用密码技术、产品和服务相关的商用密码的检测、认证、评估、进口等基本制度的“顶层设计”；（2）统筹协调国家密码重大事项和重要工作，包括就涉及国计民生的密码相关问题的跨部门、跨机构会商工作机制，研究和落实“顶层设计”中的重大、重要问题；（3）推进国家密码法治建设，这项工作对公民个人至关重要，直接关系到公民的“加密权”作为一项网络社会基本权利的确认与法律表达。

2、密码管理部门

2005年1月，中央机构编制委员会批准成立国家密码管理局。2008年3月，国家密码管理局被列入国务院部委管理的国家局序列。

按照国家密码管理局网站公开信息，其主要职责如下：（1）组织贯彻落实党和国家关于密码工作的方针政策和法律法规，研究提出解决密码工作发展中重大问题的建议；（2）拟订密码工作发展规划，起草密码工作法规并负责密码法规的解释，组织拟订密码相关标准；（3）依法履行密码行政管理职能，管理密码科研、生产、装备（销售）、检测认证及使用，查处密码泄密事件和违法违规研制、使用密码行为，负责有关密码的涉外事宜；（4）对密码工作机构实施业务领导；（5）负责网络与信息系统中密码保障体系的规划和管理，规划、建设和管理国家密码基础设施；（6）指导密码专业教育和密码学术交流，组织密码专业人才教育培训，对高等院校、科研机构、学术团体开展密码基础理论与应用技术研究、交流进行指导；（7）承办中央密码工作领导小组的日常工作。

总之，这些职责涵盖了密码政策、密码法律法规、密码标准、密码执法、密码工作指导、密码基础设施建设、密码教育和密码日常领导的方方面面。

县级以上地方各级密码管理部门是指省（自治区、直辖市）、市（地、州、盟）、县（市、区、旗）密码管理局。为规范和加强密码管理部门的行政管理职能，《密码法》明确了国家、省、市、县四级分级负责的密码工作管理体制，赋予了国家、省、市、县四级密码管理部门行政管理职责。四级密码管理部门架构整体形成了我国密码法律监管的体制机制。①

与此同时，一些与公众利益息息相关的工作，如对市面上的采用加密的产品和服务进行检测，定期不定期发布对密码产品、服务的测评报告，评价这些产品、服务也具备其所宣称的加密功能，实现对个人信息和隐私的保护，也属于国家密码管理局的职责范围。不过这些工作是由国家密码管理局和市场监管局等监管机构联合实施的，而且随着未来商用密码“放管服”政策的实施，密码产品、服务能不能用、好不好用，将由市场和公众决定，对于弱加密或不可信的密码，市场和公众将会通过测评认证、用户体验等方式“投票选择”。

---

① “密码政策问答（十五）”，http：//sca.gov.cn/sca/xxgk/2020-01/21/content_1060613.shtml.

四、密码的法律分类

《密码法》把密码分为两类三项。第一类包括核心密码和普通密码，用于保护国家秘密信息；公众、企业在日常生活、生产中使用到的为第二类密码，也就是商用密码。

一般来讲，现代密码“走下神坛”“进入寻常”还是计算机技术成熟之后的事情，从时间上看，大致在20世纪90年代，民用开始爆发式增长。而且一旦进入民用领域，这种技术的两用性就不可避免地在公众与政府之间，私法与公法之间产生冲突，这种冲突的结果就是各方达成了妥协，商用密码作为公众可用的密码类型通过法律的形式进行了固定。我国也正是在这一时期，于1999年制定了《商用密码管理条例》。

1、用核心密码和普通密码保护国家秘密

《中华人民共和国保守国家秘密法》（以下简称《保守国家秘密法》）第二章“国家秘密的范围和密级”第九条规定，下列涉及国家安全和利益的事项，泄露后可能损害国家在政治、经济、国防、外交等领域的安全和利益的，应当确定为国家秘密：（1）国家事务重大决策中的秘密事项；（2）国防建设和武装力量活动中的秘密事项；（3）外交和外事活动中的秘密事项以及对外承担保密义务的秘密事项；（4）国民经济和社会发展中的秘密事项；（5）科学技术中的秘密事项；（6）维护国家安全活动和追查刑事犯罪中的秘密事项；（7）经国家保密行政管理部门确定的其他秘密事项。政党的秘密事项中符合前款规定的，属于国家秘密。因此，国家秘密是和国家安全密切关联的概念，但公众可能会产生一种印象，就是国家安全的概念大于国家秘密——这种印象是朴素和真实的，因此需要对国家安全的范畴进行必要的限定，而对国家秘密的概念和范围的界定，也是对国家安全范畴的一种限定。

规定某些事项和承载这些事项的信息形式和介质属于国家秘密是世界上多数国家的普遍做法，例如，目前美国的国家秘密定义和分类的可用依据主要是2009年奥巴马政府发布的《国家机密信息分类》（第13526号行政令），其中规定涉及国家秘密的信息主要包括军事计划、外国政府信息、情报活动、外交活动、与国家安全有关的科技事项、美国政府保护核设施的计划、与国家安全有关的基础设施易受攻击的信息以及与大规模杀伤性武器有关的信息。信息的密级划分为三级：秘密（confidential）、机密（secret）和最高机密（又译为“绝密”）（top secret）。俄罗斯联邦国家秘密的法律以联邦宪法、联邦安全法为基础，包括《国家秘密法》和其他与保护国家秘密相关的数十部法律文件，具体设定可以作为国家秘密的依据信息包括：（1）军事领域的信息文件资料；（2）经济、科学与技术领域的信息文件资料；（3）对外政策与经济领域的信息文件资料；（4）军事侦察、反间谍和侦查活动领域的信息文件资料等。并规定必须在保密信息专用工具载体上进行标示——秘密印章（分为秘密、机密、绝密），包括传统的限制接触印章、验证信息秘密等级的编码和电子文件等。

有的国家秘密可能与公众产生交集，比如高考试卷可以归入国民经济和社会发展中的秘密事项，但如果是往年高考试卷，则不属于国家秘密；尚处于侦查阶段的刑事犯罪证据，属于维护国家安全活动和追查刑事犯罪中的秘密事项，但在审判阶段，则都需要通过法庭进行质证（“展示”）等等。再比如更为严肃和严谨的，在2020年的《测绘地理信息管理工作国家秘密目录》中规定，“体现和表明我国政府立场与主张的敏感、争议地区测绘地理信息成果”就属于机密信息。

对《网络安全法》这一网络安全领域的基础立法有所关注的读者可能会敏锐地感知到，这里有一个领域会同时牵涉《网络安全法》《密码法》《保守国家秘密法》和保护企业、公众个人利益的法律，即关键信息基础设施领域和行业。《网络安全法》第三十一条规定，国家对公共通信和信息服务、能源、交通、水利、金融、公共服务、电子政务等重要行业和领域，以及其他一旦遭到破坏、丧失功能或者数据泄露，可能严重危害国家安全、国计民生、公共利益的关键信息基础设施，在网络安全等级保护制度的基础上，实行重点保护。由此可见，关键信息基础设施的安全与否，关系国家安全、公共利益和国计民生。某些与公众利益相关的关键信息基础设施也可能同时涉及国家秘密。在某些极端的情况下，公众个人信息的数据聚合达到一定数量和质量后，也会对国家安全造成影响，例如特定人群的遗传基因数据。

一个真实的案例是，2010年，印度启动将居民生物识别信息等敏感个人信息与唯一的12位数字编码“绑定”的Aadhaar计划，到2018年已经完成了超过十二亿人的数据采集和身份注册，这样的数据一旦泄露，毫无疑问将对国家安全产生难以估量的影响。为此，2018年9月，印度最高法院裁决，禁止私人公司访问Aadhaar生物识别数据库。①

细心的读者可能会发现，中美俄的国家秘密都分为三级。我国《保守国家秘密法》第十条规定，国家秘密的密级分为绝密、机密、秘密三级。绝密级国家秘密是最重要的国家秘密，泄露会使国家安全和利益遭受特别严重的损害；机密级国家秘密是重要的国家秘密，泄露会使国家安全和利益遭受严重的损害；秘密级国家秘密是一般的国家秘密，泄露会使国家安全和利益遭受损害。

那么在这三级之外是否还有其他密级？在秘密级别之下，比如电子政务领域，会有一种“敏感但非秘密”的信息，这种信息虽然也很重要，但还没有达到秘密的高度，对这些信息的保护不适用《保守国家秘密法》的规定。

2、什么样的密码保护什么样的国家秘密

《密码法》第七条明确：“核心密码保护信息的最高密级为绝密级，普通密码保护信息的最高密级为机密级。”这里实际涉及到一个“定密”的问题，目前主要的法律依据是2014年公布的《国家

---

① “争议声中，印度最高法裁定“生物身份证”合法：不侵犯隐私权”，https：//www.sohu.com/a/256543479_656058.

秘密定密管理暂行规定》，该规定明确定密，是指国家机关和涉及国家秘密的单位依法确定、变更和解除国家秘密的活动。拥有“定密权”的各级机关可以根据各自的定密权限，对所产生的国家秘密事项依法确定密级、保密期限和知悉范围。在使用什么样的密码保护什么样的国家秘密上，实务中会按照《密码法》的规定，根据“就高”原则匹配适用，即用核心密码保护绝密级信息，用普通密码保护机密级信息。如果对某一机密级信息使用了核心密码，由于核心密码本身属于国家秘密中的高密级［澳大利亚的说法为“高认证加密设备（HACE）”］，会导致该机密级信息连带为其加密的核心密码的整体级别“被迫”提升到了绝密级，这样一般被认为会导致加密成本的增加，在某些极端情况下还会造成核心密码的泄露风险。反过来，如果对某一绝密级信息使用了普通密码，则可能会因加密保护能力不足而导致绝密级信息的泄露。

下表是2015年澳大利亚国家安全系统委员会（CNSSAM，注意不是美国国家安全委员会）发布的有关批准在美国国家安全系统中使用的Suite B算法更改的建议，即用什么样的密码和密钥（长度）保护对应级别的国家秘密。

<table>
<tr><th>使用目的（Purpose）</th><th>经批准的密码算法或协议（Approved Cryptographic Algorithm or Protocol）</th><th>机密级要求（Requirements for SECRET）</th><th>绝密级要求（Requirements for TOP SECRET）</th></tr>
<tr><td rowspan="2">加密（Encryption）</td><td rowspan="2">AES</td><td>128 bit key 或256 bit key</td><td>256 bit key</td></tr>
<tr><td colspan="2">CNSSAM 建议AES 256 bit key</td></tr>
<tr><td rowspan="2">杂凑（Hashing）</td><td rowspan="2">SHA-2</td><td>SHA-256或SHA-384</td><td>SHA-384</td></tr>
<tr><td colspan="2">CNSSAM 建议SHA-384</td></tr>
<tr><td rowspan="2">数字签名（Digital signatures）</td><td rowspan="2">ECDSA</td><td>NIST P-256或NIST P-384</td><td>NIST P-384</td></tr>
<tr><td colspan="2">CNSSAM 建议NIST P-384，或RSA 3072 bit 及更长</td></tr>
<tr><td rowspan="2">密钥交换（Key exchange）</td><td rowspan="2">ECDH</td><td>NIST P-256 or NIST P-384</td><td>NIST P-384</td></tr>
<tr><td colspan="2">CNSSAM 建议DH 3072 bit及更长，NIST P-384，或RSA 3072 bit及更长</td></tr>
</table>

3、使用商用密码保护隐私与敏感个人信息

就像核心密码与普通密码保护国家秘密一样，商用密码可以保护企业的商业秘密和个人相关信息。不仅是工作场景，商用密码已经渗透到日常生活的各个方面。

之前1999年发布的《商用密码管理条例》第三条规定，商用密码技术属于国家秘密。国家对商用密码产品的科研、生产、销售和使用实行专控管理。这种严格的商用密码监管符合当时的密码技术和应用状态，对于国产密码事业的发展起到了一定保护作用，但从长远发展看不利于通过市场化竞争引入和创新密码技术，因此《密码法》的规定实际上排除了“商用密码技术属于国家秘密”，有利于商用密码行业减少束缚、轻装前行。

商用密码的商用化也是国际上的主流趋势，美国国家标准与技术研究院（NIST）作为商务部下属机构，按照1996年《信息技术管理改革法案》（Information Technology Management Reform Act of 1996）和2002年《联邦信息安全管理法案》（FISMA）制定和维护美国联邦信息处理标准（Federal Information Processing Standards，FIPS），其在适用性声明（Applicability）中明确表示允许私营和商业机构使用密码。

4、日常应用中的加密

针对日常使用到的各类软件是否采取了加密技术，以下列举了主要的操作系统和国内应用商店排名靠前的APP，本书其他章节也有涉及。对于是否采用了密码，主要通过网络公开信息和APP的说明文档等进行简单判定，读者也可通过访问相关产品、服务的网站进行检索。

微软主流的Windows 10操作系统通过BitLocker［以及TPM（Trusted Platform Module，可信平台模块）］等加密机制保护计算机硬盘等各类存储器（驱动器）的重要数据。①

① “Windows 10中的Bitlocker设备加密概述”，https://docs.microsoft.com/zh-cn/windows/security/information-protection/bitlocker/bitlocker-device-encryption-overview-windows-10.

智能手机之一的安卓系统自3.0版本起提供全文件系统加密，用户数据可以通过 128位密钥的AES进行加密。而一个有趣的报道是，在2014年安卓5.0版本引入“默认自动加密”后，用户发现读取手机数据的速度明显下降。[①]这也算得上是安全与效率“负相关”的一个例证吧（智能手机的另一系统iOS的加密，可见本书的商用密码服务等相关章节）。

早期的微信等社交应用程序因未提供明确的加密功能说明而为媒体和公众诟病，2017年，腾讯在就某法院申请调查微信聊天记录的回函中称，微信聊天采用“点对点”和“加密”技术进行传输，以此打消公众疑虑。而在2020年与腾讯的视频会议系统展开竞争的Zoom也表示，增加提供“真正的”（Zoom 服务器也无法存取加解密密钥）“端对端加密功能”——这体现了密钥分发和存储机制的不同。

---

① “安卓5.0悲剧了：自动加密让系统变得超级卡”，https://tech.qq.com/a/20141124/011693.htm，2020年9月21日访问。

五、密码的知识产权：专利、版权及其他

按照上文所述密码的分类，对于涉及保护国家秘密的核心密码和普通密码的研发，通常是在保密保护中进行的，不太会以我们知道的知识产权形式进行申请公开，比如专利、软件著作权，大部分时间里这些领域的研发人员都处于“默默无闻”的状态。

在国家秘密之外的商用密码领域，通过专利、著作权、商业秘密等知识产权对密码进行综合保护是行业的常态。比如我们从上文了解到的非对称加密算法RSA（另外一家同名的公司RSA的故事我们也会在本书中提到），最早在1983年的时候，美国麻省理工学院（MIT）在美国［由于大部分的知识产权具有地域性的特点，因此一国内的专利未必会得到其他国家的承认。为了应对这一特点导致的问题，也有相应的国际公约或其他方式进行弥补，比如《专利合作条约》（PCT）］为RSA算法申请了专利，这个专利于2000年9月21日失效——专利的保护期一般不超过20年。正如我们提到的，如果落入国家秘密的范围，密码的研发处于“静默”状态，实际上，

RSA算法也碰到这一问题：1973年，在英国政府通讯总部工作的数学家克利福德·柯克斯（Clifford Cocks）在一个内部文件中提出了相同的算法，但由于该发现被列为国家秘密，因此一直到1997年才得以“解密”和发表。

读者们可能会多问一步，RSA是作为一种算法申请和获得专利的吗？这个问题的实质就是算法是否可以直接、单独地作为专利申请。其实，RSA，以及1977年以来的DES（对称加密的数据加密标准）都是作为硬件的一部分（早期也多被称为“装置”）一起申请专利的，算法本身难以作为单独的专利得到保护。

在最新的国家知识产权局《关于修改〈专利审查指南〉的公告》（知识产权局公告第343号）中对这个问题进行了进一步澄清：“如果权利要求涉及抽象的算法或者单纯的商业规则和方法，且不包含任何技术特征，则这项权利要求属于专利法第二十五条第一款第（二）项规定的智力活动的规则和方法，不应当被授予专利权。”“如果权利要求中除了算法特征或商业规则和方法特征，还包含技术特征，该权利要求就整体而言并不是一种智力活动的规则和方法，则不应当依据专利法第二十五条第一款第（二）项排除其获得专利权的可能性。”密码算法是否可以作为专利保护，最重要的是整体上对其是否具有技术特征和能否解决技术问题进行审查。因此，即使上述使用了RSA算法和DEA算法的专利已经过期，但并不影响我们继续使用这些算法并结合软硬件形成可申请专利的新密码产品或方法。

通过软件（不依赖于特定硬件）进行加密是目前密码技术发展

的另一个趋势，对于密码软件，通常可以通过软件著作权的方式进行保护。软件著作权保护与专利保护的最大区别之一是软件著作权的申请不需要公开源码，而专利保护密码的前提是对完整技术（算法）实现的公开。

六、为我国密码工作作出重大贡献的人

为我国密码发展作出贡献的人非常多，但基于密码工作的特殊性，特别是在涉及保护国家秘密信息的核心密码、普通密码领域，很多人都选择了隐姓埋名。随着《密码法》的实施，密码技术和法律践行成为一门“显学”，越来越多的对密码作出突出贡献的专业学者开始为人所知，其中就包括我们前文提到的王小云（贡献了前面提到的哈希函数算法标准SM3）以及沈昌祥、蔡吉人、冯登国［公开信息显示在祖冲之算法（ZUC）方面作出突出贡献］、姚期智等两院院士。当然，还有众多的密码工作者都作出了贡献。

由于我国从事密码研究的专家们过于低调，经常处于“深藏身与名”的状态，因此结合《密码法》第十条的密码教育，同时考虑到公开渠道给出了姚期智院士更多信息，我们就着重介绍一下。

姚期智，1946年12月生，中国科学院院士及美国国家科学院外籍院士，算法、密码学及量子计算的国际先驱及权威。先后获得哈佛大学物理学博士学位、伊利诺伊大学计算机科学博士学位，曾任

教于麻省理工学院、斯坦福大学、加州伯克利分校及普林斯顿大学。在计算机科学发展上，作出许多创始性的巨大贡献：（1）开创了以计算复杂性为基础的现代密码科学，奠定现代密码学基础；（2）创建通讯复杂性理论和伪随机数生成算法理论；（3）为量子计算建立全新典范，创建量子通讯复杂性和量子安全通讯模式。

2004年，全职回国加入清华大学，并为本科生创办“姚班”。2011年，创建“清华量子信息中心”与“交叉信息研究院”，以推动多元化的信息科学研究、教学，及发展量子计算。

2000年，基于对计算理论包括伪随机数生成、密码学与通信复杂度的突出贡献，姚期智荣膺“计算机界的诺贝尔奖”——图灵奖，也成为图灵奖创立以来首位获奖的亚裔学者。[①]

在此再引申两点。第一，总结图灵奖中的密码（学）获得者，从人的因素稍微评价一下密码（学）在计算机界的重要性。从1966年设立到2020年，已知的72位获得者中，因为密码学领域的突出贡献而获奖的有6次10位：（1）理查德·卫斯里·汉明（Richard Hamming），在数值方法、自动编码系统、错误检测和纠错码领域贡献突出，以理查德·卫斯里·汉明命名的“汉明距离”和“汉明重量”广泛应用在信息论、编码理论、密码学等多个领域；（2）曼纽尔·布卢姆（Manuel Blum），在《Computational Complexity of Recursive Sequences》（递归序列的计算复杂性）一文中首次使用

① “姚期智：至纯无畏”，https：//www.tsinghua.edu.cn/info/1139/1484.htm.

了“计算复杂性” 这一术语，由此开辟了计算机科学中的一个新领域，并为之奠定了理论基础；（3）姚期智 （Andrew Chi-Chih Yao，姚院士的英文名是安德鲁），贡献领域主要有计算理论，包括伪随机数生成、密码学与通信复杂度；（4）罗纳德·李维斯特（Ronald L. Rivest）、阿迪·萨莫尔（Adi Shamir）和伦纳德·阿德曼（Leonard M. Adleman），贡献了RSA非对称加密算法——三位姓氏的首字母组合——RSA 算法是当前在网络产业中广泛使用的基本安全机制；（5）莎菲·戈德瓦塞尔 （Shafi Goldwasser）与希尔维奥·米卡利 （Silvio Micali），两人共同开创了可证明安全性领域的先河，“创造了将密码学从艺术变为一门科学的数据架构”，奠定了现代密码学理论的数学基础；（6）惠特菲尔德·迪菲（ Whitfield Diffie）和马丁·赫尔曼（Martin Hellman），两人作为非对称加密的创始人，在论文《密码学新动向》中阐述了关于公开密钥加密算法的构想，并论成了迪菲-赫尔曼密钥交换协议（DH协议），可以让双方在完全没有对方任何预先信息的条件下通过不安全信道创建和传递一个密钥，这个密钥在后续通信中作为对称密钥来加密整个通信内容。与RSA算法一起，DH协议保护着我们每天的网络通信和数量庞大的金融交易。

由此可见，密码学在计算机科学中处于非常重要甚至是非常中心的领域。

第二，介绍下姚期智院士研究领域中的一个点“伪随机数生成”。日常生活中用到随机数的场合有很多，比如购房摇号的顺次、买彩票的号码、法院筛选鉴定机构（勉强）都是一个随机数。APP中随机数的真实、广泛应用实例是虚拟键盘，比如通过智能手机登录和输入手机银行“密码”时，APP的登录界面会生成每次都不一样的键盘字幕和数字排列方式，从而可以避免“黑客”基于屏幕输入位置对“密码”的捕捉（因为同一虚拟按键位置的键值每次都会不一样）。

伪随机数的提出使得加密信息的发信人和收信人不需事先共享密钥的整个随机位移序列。但我们需要知道，虽然世界上存在真实的随机数（也有观点认为，我们所处的世界本身可能就不是真正随机的），但计算机中产生的随机数在绝大多数情况下并不是真的随机数，而是在一定的数值范围内，采用一定的算法挑选出了一个伪随机数。两者的区别就是真实随机数不能预测也没有规律，而伪随机数一定有规律，如果达到一定数量（周期），序列就会重复（显然我们不太能接受伪随机数产生的中签、中奖结果）。最早的伪随机数算法是1946年冯·诺依曼提出的平方取中法，后来逐渐产生了更多的算法，比如曾广泛应用的线性同余法、梅森旋转算法、WELL（梅森旋转算法的改进）算法等等。我国密码行业标准GM/T 0005《随机性检测规范》、GM/T 0062《密码产品随机数检测要求》都对随机性提出了具体检测要求。类似地，德国联邦信息安全办公室（BSI）给出的衡量随机数生成器质量的判定基准原则包括：（1）包含相同序列的概率很小；（2）符合给定的统计学平均性检验；（3）不应能从给定序列或序列值猜测随机数发生器内部状态或下一随机数；（4）不应能从随机数发生器的（当前）状态计算或猜测出之前的内部状态或之前序列的随机数。这些对技术规范的约束，正像法律条文一样严谨周密。大师们在这个领域贡献了更优的伪随机数生成算法和对伪随机数生成算法的评价机制。

说了这么多，跟《密码法》的结合点不在于法律对创新的“指手画脚”的评价，而在于将《密码法》规定的“鼓励和支持”“表彰和奖励”通过制度化和可操作的方式落实下来，因为我们都看到，密码学的研究是高深而枯燥的事情，需要经年累月的寂寞坚守。

七、获取密码培训和教育信息

密码安全作为网络安全整体教育培训的一部分，同样也区分为面向安全从业人员的安全专业技能和意识教育培训，以及面向公众的普适性安全意识和能力教育培训。

对于公众而言，一方面要增强密码安全意识，通过合法使用密码保护合法权益，拒绝密码的非法使用和侵犯其他人合法权益；另一方面习得利用密码的安全技能，也将提升社会整体密码应用的水准，“反哺”密码技术行业的发展。显然，我们普通民众的密码意识和应用能力是国民素质的重要构成，决定了密码行业整体的水平“基线”。获取密码培训和教育信息方面的典型活动是“国家网络安全宣传周”。[①]最近（2020年）举办的一期是2020年国家网络安全宣传周，于9月14日至20日在全国范围内统一开展，主题是“网络安全为人民，网络安全靠人民”，其中重要的公众参与活动是“网络

① “2020年网络安全宣传周活动”，见https：//www.wlaq2020.cn/index.html.

安全博览会”和各类“主题日”活动，知密码、懂密码、用密码的密码应用和风险防范也是重要的主题活动之一。

当然，仅仅每年一次的集中式宣传对于增强和提升公众密码安全意识和能力显然不够，因此《密码法》规定了两种常态化的培训教育机制，一种针对全民教育，将密码纳入“国民教育体系”，另一种针对核心密码、普通密码，建立“公务员教育培训体系”，增加密码安全教育培训的广度和厚度，为密码等信息技术创新、密码所仰赖的数学等基础科学的发展奠定稳固基石和培育丰裕土壤。

通过我国目前相对完备的各级初等教育和高等教育、普通教育和职业教育体系，非密码从业人员的公众获取了普适性的密码安全知识，将“加密权”转化为各种实在的操作，密码从业人员则在密码领域接受系统和专业的针对性教育，成为有关领域的专业人士和人才。

对于公务员教育培训体系，通过公务员相关立法将安全培训的内容进行法律化强制是各国的普遍做法。例如，德国《联邦公务员法》专章规定了公务员，特别是中高级公务员的培训和进修安排。俄罗斯《公务员法》要求公务员在任职期间，必须每三年进行短期职业补充教育。美国针对网络安全意识和教育的法案则可谓庞杂，如2014年《网络安全增强法》规定，由NIST牵头推动与其他联邦机构的面向社会和公众的教育项目，包括：（1）推广网络安全技术标准和最佳实践；（2）向个人、中小企业、教育机构、各级政府机构推行网络安全最佳实践；（3）提高公众网络安全意识、道德；（4）增进各级政府机构、高等教育机构和私营机构对有效风险管理的利弊认识、对降低和减少脆弱性的方法理解等；（5）在各教育阶段支持网络安全教育计划，提升网络安全技能；（6）提出评估和预测联邦政府未来网络安全人员需求的措施，开发人员招聘、培训和保留战略等。这也是近两年我国“国家网络安全宣传周”正在努力探索和推进的方向。对于公务员等从业人员，美国2014年《网络安全人员评估法》和2015年《联邦网络安全人员评估法》等规定，对人员的网络安全技能、意识等能力进行持续评估，并为此设定和维护着一个复杂的必要培训事务的网络安全目录和类域（NCWF框架）计划。

我国2018年修订的《中华人民共和国公务员法》（以下简称《公务员法》）于2019年6月施行，参加包括密码安全在内的培训不仅是公务员的基本权利，而且是必须履行的基本义务。第六十六条规定，机关根据公务员工作职责的要求和提高公务员素质的需要，对公务员进行分类分级培训。第六十七条规定，机关对新录用人员应当在试用期内进行初任培训；对晋升领导职务的公务员应当在任职前或者任职后一年内进行任职培训；对从事专项工作的公务员应当进行专门业务培训；对全体公务员应当进行提高政治素质和工作能力、更新知识的在职培训，其中对专业技术类公务员应当进行专业技术培训。公务员将通过持续的在职培训不断获得并更新《密码法》的相关规定和密码技术、应用的相关知识、技能和意识。对公务员培训的考核不仅能作为任职依据，更重要的是降低公务员违反《密码法》第四十条的法律责任风险。

除了这些“纵向”的教育培训体系外，中国密码学会[1]（对行业

---

① https：//www.cacrnet.org.cn/.

组织的完整性介绍，可参见本书的其他章节）等行业组织也将“普及密码科技知识，开展密码科普教育活动”作为其业务宗旨，公众也可以通过类似的行业机构获取更多密码安全相关知识。

当然，正如开源软件运动的主要活动家和旗手埃里克·雷蒙德所说，计算机科学教育无法使人成为专业的程序员，好比研究画笔与颜料无法使人成为专业的画家一样。密码安全教育、培训重在真实场景的活动参与和意识培养。因此未来在密码安全的教育培训上，我们还应当在内容上更接近于公众的理解范围，通过“寓教于乐”的方式将密码这一看似枯燥无趣的科学普及至社会公众。

八、密码发展的财政保障与公众监督

《密码法》第十一条规定：“县级以上人民政府应当将密码工作纳入本级国民经济和社会发展规划，所需经费列入本级财政预算。”按照《中华人民共和国预算法》（以下简称《预算法》）的规定，国家实行一级政府一级预算，设立中央，省、自治区、直辖市，设区的市、自治州，县、自治县、不设区的市、市辖区，乡、民族乡、镇五级预算。对应到《密码法》的四级密码工作管理体制，密码工作所需经费应该列入中央、省（自治区、直辖市）、设区的市（自治州）、县（自治县、不设区的市、市辖区）四级政府的本级预算，由本级政府财政部门具体编制本级预算，本级人民代表大会审查批准。在批准之后，每年四级政府也会提交当年年度预算执行情况和次年年度的预算草案，接受本级人民代表大会的审查监督。

通常密码工作的支出属于“一般公共预算支出”的范围。具体在各级财政部门提出，各级政府发布的“一般公共预算支出执行情况表”中对应于公共安全支出、教育支出、科学技术支出等；在“重点支出执行情况表”中则对应于各具体的实施部门和重点支出项目。对预算、决算的监督，主要来源于人民代表大会，《预算法》第八十五条规定“各级人民代表大会和县级以上各级人民代表大会常务委员会举行会议时，人民代表大会代表或者常务委员会组成人员，依照法律规定程序就预算、决算中的有关问题提出询问或者质询，受询问或者受质询的有关的政府或者财政部门必须及时给予答复”，因此监督用于密码的资金的任务还是落在各位代表身上了。当然，《预算法》第九十一条规定了“公民、法人或者其他组织发现有违反本法的行为，可以依法向有关国家机关进行检举、控告”，理论上公民的监督权行使没有障碍，前提是各级政府应当及时公开预算、决算情况——但现实的问题之一是有些情况信息的披露不够细化，公众可能难以区分其中具体支出的具体用途。

当然，在国家层面，对密码研发和应用的投入和规划事实上是在不断增加与提升的，比如按照中共中央办公厅、国务院办公厅关于印发《金融和重要领域密码应用与创新发展工作规划（2018–2022年）》（厅字[2018]36号）的通知，中央财政通过信息安全产业化专项等渠道，安排资金支持金融和重要领域密码应用和本规划实施。国家战略和重大工程实施要统筹好密码应用，安排资金支持。通过中央财政科技计划（专项、基金等）统筹支持密码创新发展。并要求地方各级政府要统筹现有渠道，按照预算管理要求保障有关工作开展。鼓励企业、金融机构和社会资本按照市场化方式共同出资设立密码产业基金和创新发展基金。网络运营者应当保障必要的密码应用经费。

九、加密保护的系统与网络

1、密码保护系统与网络成为标配

从目前我国的相关法律规定和实践看，可能涉及加密保护的信息系统、网络，或者密码保障系统的情形有这样几个层级：

（1）《刑法》第二百八十五条规定的“国家事务、国防建设、尖端科学技术领域的计算机信息系统”。这个级别的系统、网络由于存在国家秘密或关系国计民生的重要公共利益，往往通过密码等技术措施进行保护，一旦侵入，则可能承担相应的刑事责任。

（2）《网络安全法》第三十一条规定的“国家对公共通信和信息服务、能源、交通、水利、金融、公共服务、电子政务等重要行业和领域，以及其他一旦遭到破坏、丧失功能或者数据泄露，可能严重危害国家安全、国计民生、公共利益的关键信息基础设施”。关键信息基础设施同样涉及国家安全、国计民生、公共利益，也大都按照《密码法》和网络安全等级保护的要求进行了密码保护，对这些系统、网络、设施的侵入或窃取，轻则导致行政处罚责任，严重的将按照《刑法》第二百八十五条第二款的规定承担刑事责任。

在《关键信息基础设施安全保护条例》制定过程中，关键信息基础设施进一步明确到了这些范围：“（一）政府机关和能源、金融、交通、水利、卫生医疗、教育、社保、环境保护、公用事业等行业领域的单位；（二）电信网、广播电视网、互联网等信息网络，以及提供云计算、大数据和其他大型公共信息网络服务的单位；（三）国防科工、大型装备、化工、食品药品等行业领域科研生产单位；（四）广播电台、电视台、通讯社等新闻单位；（五）其他重点单位。”在《关于关键信息基础设施安全保护工作有关事项的通知》中又细化到电信、广播电视、能源、金融、公路水路运输、铁路、民航、邮政、水利、应急管理、卫生健康、社会保障、国防科技工业等行业领域。对于涉及这些行业、领域的系统、网络、设备的访问也应当谨小慎微。

（3）其他按照《网络安全法》和制定中的《网络安全等级保护条例》规定进行了网络安全等级保护的相关定级（一般为第三级及以上）、测评，并按照《网络安全法》第二十一条采取了加密措施保护的网络运营者（的系统、网络，也可能包括读者所在单位）。

随着《网络安全法》《密码法》以及相关配套法规的实施，《网络安全法》第二十一条对网络运营者规定的“安全保护义务”，《网络安全等级保护条例》的“（网络安全等级）第三级以上网络应当采用密码保护，并使用国家密码管理门认可的密码技术、产品和服务”等要求不仅是网络运营者的义务和责任，而且成为对其免责和追究其他行为人责任的依据。比如，如果网络运营者采取了相应的加密措施，其运营的个人信息、数据等仍然泄露的，此时从网络运营者角度就可以免责，同时追究窃取、破坏行为人的法律责任。

2、引以为戒的密码违法犯罪案件

检索最高人民法院裁判文书网，选择刑事案件类别，大概能搜到约十万件关键字包括“密码”的刑事案件。但其中过半数属于我们在上文所提到的账号“密码”。涉及《密码法》的密码犯罪由于往往构成侵入计算机信息系统罪等特定罪名，并不会直接以“窃取加密信息”“侵入密码保障系统”定罪，我们在本书的法律责任部分将对密码涉及的刑事罪名、其他行政责任进行讨论。在此列举两个经典案例，以供参考。

第一个案例尽管执法机构已有定论，但其行为的违法性目前仍存在争议。1997年7月，J公司在其发行的防病毒软件KV300L++版中加入了“逻辑锁”程序，这一程序的主要作用是识别盗版软件用户。当使用盗版者的密匙盘（软盘）运行KV300时，该程序（MK300V4）会启动并锁住电脑，使得电脑硬盘无法使用，但不会直接造成破坏。

这一过程尽管非常专业，但未使用我们已知的加密措施（加密用户数据），因此严格来讲并非是直接的“密码违法”案件，但其对用户设备和软件、数据的损害产生了和我们稍后讲到的“勒索软件”类似的加密效果。1997年9月，北京市公安局计算机安全监察处对此事做出了正式认定，J公司为打击盗版活动，在软件中加入保护版权程序，造成使用盗版工具MK300V4的计算机死机，属于故意输入有害数据危害计算机信息系统安全的行为。根据《中华人民共和国计算机信息系统安全保护条例》（以下简称《计算机信息系统安全保护条例》）第二十三条之规定，给予3000元罚款的处罚。后J公司取消了该程序。

这个案例是对早期计算机软硬件服务商维护自身权益与保障用户权益之间平衡性的法律评价。该案件引发的对各种利益边界及其技术实现的纯粹与妥协的思考，放到现在也不过时，而随着主角的离世，更多的则是对计算机病毒攻防时代的怀旧。

第二个案例是2017年5月爆发的勒索软件“WannaCry”事件。在全球范围内，包括政府、教育、医疗、能源、通信、制造等众多领域和行业都遭受到了前所未有的重大损失。当用户系统被该勒索软件入侵后，系统弹出勒索对话框并向用户索要比特币，同时用户主机上的重要文件，如照片、图片、文档、压缩包、音频、视频、可执行程序等几乎所有类型的文件都被加密，文件后缀名也被修改为“.WNCRY”。该勒索软件就使用了我们在前文提到的两种加密技术：对称加密算法AES和非对称加密算法RSA。利用RSA的公钥和私钥技术特性，设计者用公钥加密用户数据，并要求用户在支付比特币后发送私钥解密，由于每个用户具有不同的公私钥对，难以分析和得出可通用的解密代码，属于典型的《密码法》下的非法行为。

由于密码非法行为更具有隐秘性，密码违法犯罪行为较之一般的计算机犯罪或网络犯罪更加难以识别和定位嫌疑人。比如WannaCry设计者的真实身份，就有俄罗斯、韩国、中国、美国等多种说法。

◎ 思考未来 ◎

第一个问题：结合上述两个案例的讨论，两个案件中非法锁定用户的方法是否一样？加密又是否是唯一的保护用户数据的合法方法？提示信息：加密实际上是日常生活中宽泛使用的一个说法，并非所有的加密都属于《密码法》规制的加密。

第二个问题：通过密码的加密保护和安全认证，目的是为了增进信任，还是因为不信任所以采取的防范措施？这不仅是一个加密影响效率（因为还需要解密的过程）所带来的两难选择问题，某种程度上，某种以增加信任为初衷的机制最终反而导致不信任的加剧，这大概也属于人类社会的一种悖论。

第二章

密码保护国家秘密

长征有了二局（无线电通讯），我们好像打着灯笼走夜路。

——毛泽东

《密码法》第二章主要规定了用于保护国家秘密的两种密码的监管机制，与《保守国家秘密法》一并成为国家秘密法制领域的基础规定。

一、涉及国家秘密保护的核心密码、普通密码及其基础性作用

涉及国家秘密保护的核心密码、普通密码与商用密码不同，本身是作为国家秘密受到《保守国家秘密法》等法律法规的保护和约束的，因此了解核心密码、普通密码属于《密码法》第十五条规定的“密码工作机构”的工作内容。从公众角度，我们需要的是宏观上建立核心密码、普通密码属于国家秘密的概念和警醒意识，了解方针政策的趋势所向。至于“普通密码”的命名原因，只是约定俗成。普通密码并不普通，它属于国家秘密中的一员，同时也是保护秘密级和机密级国家秘密的重要方式。我们一般理解的“普通”在《密码法》中对应为商用密码，应用于整个民用领域，也可以称为

民用密码。但商用密码是各国普遍接受的说法。

在核心密码、普通密码的制度和建设领域，密码安全保障能力的增强意味着在宏观层面需要按照密码应用工作等相关中央文件的要求，实现全社会应用密码技术保护网络安全的意识普遍增强，密码与国家重大战略和新技术新应用深度融合，建立高质量的密码供给体系和测评认证体系，充分发挥密码保障重要领域网络安全的作用，有力支撑信息领域核心技术突破，切实维护国家安全、促进经济社会发展、保护人民群众利益。这些能力的建设需要一代代密码从业人员的努力。按照《金融和重要领域密码应用与创新发展工作规划》等文件，要在至少以下两个方面深耕细作——这些是涉及包括核心密码和普通密码在内的整体战略层面的密码规划——可以作为涉及国家秘密保护的核心密码、普通密码的常识了解。

1、推动密码科技创新

（1）启动新一代密码算法征集工作；（2）进一步完善密码标准体系，推动涉及国家安全的密码标准纳入强制性国家标准范畴，实现各行业各领域网络和信息化相关标准与密码国家标准、密码行业标准保持协调统一，深度参与国际标准化工作；（3）加强密码基础理论、关键技术和应用研究，促进密码与量子技术、云计算、大数据、物联网、人工智能、区块链等新兴技术融合创新；（4）加快推进采用我国密码技术的通用处理器、操作系统、数据库、中间件等基础软硬件产品研制和规模应用，通用浏览器等产品预置国家根证书，形成支持密码应用的良好产业生态；（5）建立国家密码科技创新基地，促进密码科技创新与成果转化，建设测评实验室和密码靶场；（6）支持建设密码产用军民融合平台、行业密码应用研究中心、密码开源库、共享平台和应用仿真平台；（7）支持依法建立全国性密码行业协会和产业园区，加快培育一批密码领军企业；（8）服务“一带一路”建设，统筹国际合作项目中的密码应用，贡献中国智慧，提供中国方案。

2、提升密码基础支撑能力

（1）进一步完善法规制度，促进密码产业发展，规范密码应用，加强事中事后监管；（2）完善密码应用安全性评估审查机制；（3）建立商用密码测评认证和分类分级检测体系；（4）建设完善密码基础设施，建设密码信息采集和态势感知平台，建立密码安全通报预警合作机制；（5）支持建设密码专业研究机构和智库，支持有条件的高校建设密码学院（系）或密码学专业，推动密码学科建设，建立完善密码专业水平和人才评价机制；（6）采用多种形式加强对重要领域、重点人群以及全社会的密码宣传，开展党政干部密码知识政策培训、青少年密码教育和科学普及。

创新是一个缓慢的过程，密码安全保障能力的建成并非一朝一夕之功，尽管核心密码、普通密码与商用密码使用了不同的算法和实现路径，但在底层的数学、计算机科学上多有相通之处，丰富和具有厚度的密码基础研发和有活力的市场，也有助于提升国家秘密保障能力。

对于涉及国家秘密保护的核心密码、普通密码的法律知识，目前公开资料主要体现在上述《保守国家秘密法》、《中华人民共和国保守国家秘密法实施条例》（以下简称《保守国家秘密法实施条例》），下述《国家秘密设备、产品的保密规定》《泄密案件查处办法》，以及《计算机信息系统保密管理暂行规定》《计算机信息系统国际联网保密管理规定》《关于国家秘密载体保密管理的规定》《涉密信息系统集成资质管理办法》《国家秘密定密管理暂行规定》《涉密政府采购管理暂行办法》等规定中。对于违反保守国家秘密相关规定的责任，除了前述规定外，最为严厉的当属刑事责任，主要包括三个文件来源：（1）《刑法》相关罪名（第一百零九条第二款、第一百一十条、第一百一十一条、第二百八十二条、第三百九十八条、第四百三十一条、第四百三十二条规定的侵犯国家秘密罪，详见本书法律责任对应条款）；（2）《最高人民法院关于审理为境外窃取、刺探、收买、非法提供国家秘密、情报案件具体应用法律若干问题的解释》；（3）《人民法院、保密行政管理部门办理侵犯国家秘密案件若干问题的规定》。

二、密码工作机构对密码的保密管理

1、将核心密码、普通密码作为国家秘密保护

对核心密码和普通密码保护的原因很简单，这两类密码属于国家秘密。实践中由于涉及国家保密局的保密规定，我们普通公众往往不甚了解，不过从公开信息获知的政策法规有助于我们对保密制度形成一般概念，也有助于提升公众的保密意识。以下以1992年的《国家秘密设备、产品的保密规定》[①]（尽管该规定泛指所有属于国家秘密的设备或者产品，但对密码也适用）为例给出一个直观的印象：

（1）确定密品的密级和保密期限的同时，应当明确保密要点。

（2）密品的研制、生产、保存、使用单位应当对本单位所有密品的密级、保密期限、保密要点等内容进行登记，并根据工作需要向参与密品研制、生产、试验、保存、维修、使用的人员告知上述有关登记内容。

---

① 上海市国家保密局，“国家秘密设备、产品的保密规定”，http://www.shbmj.gov.cn/bmj/2013bmj/xcfg/zcfg/u1a157.html.

（3）密品的研制、生产涉及两个以上行业或者部门的，各有关单位应当加强联系和协调，明确责任单位，确保密品在各个环节均受到严密保护。

（4）各有关单位应当严格控制密品的接触范围，确需接触的，应当按有关规定履行报批手续。严禁无关人员对密品的参观。

（5）外型或者构造易暴露国家秘密的密品，在研制、生产、试验、运输、保存、维修、使用过程中，应当对其采取遮盖措施或者其他保护性措施。不得露天生产、保存、放置外型或构造易暴露国家秘密的密品。

（6）密品在各环节的交接均应当履行严格的登记签收手续，记录签收情况的登记簿应当保存备查。

（7）绝密级密品的研制、生产、维修应当在封闭场所进行，设立专门的放置、保存场所，并由有关管理人员负责保密工作。

（8）有特殊要求的密品，应当在其出厂前，对可能反映或者暴露其国家秘密的文字标志、特征标志采取伪装或者删除措施。

（9）密品的运输应当符合下列要求：①密品应当密封于包装箱内，体积大、无法置于包装箱内的，应当采取其他的安全保密措施；②发货、收货和承运单位，对密品的名称、运输方式、运输时间和路线、中途停靠、安全警卫措施等情况负有保密的义务；③应当由二人或者二人以上的专人押运；④需要办理免检手续的，依照国家有关规定执行。

（10）密品的使用单位应当根据本办法采取相应的保密措施。无关人员不得接触、使用密品。

（11）需要随身携带使用的密品，应当二人同行，共同负责。

（12）通过特殊渠道获取的密品，应当采取相应的保密措施，不得因使用而使无关人员知悉其保密内容。

（13）各有关单位对放置有密品的场所、部位应当加强安全保密防范措施，必要时可设置警卫力量。绝密级密品应当专库（柜）保存。

（14）密品的检修和维修工作一般不得由境外人员承担，确需境外人员承担时，应当依照有关业务主管部门的规定履行报批手续并采取相应的保密措施。

（15）销毁密品应当先行登记，并依照有关业务部门的规定履行报批手续。在销毁密品过程中应当符合下列要求：①选择有保密保障的部门、单位、场所进行；②指定专人监销；③确保密品被销毁后不再具有国家秘密信息；④外形上能直接反映国家秘密的密品，应当彻底毁形；⑤对仍有保密价值的碎屑、粉末、液体等残留物质，应当及时收集并妥善处理。

虽然这些规定讲到了密品从研发到销毁的“全生命周期”，但是否能够涵盖密码这些无形资产，其中有些规定确不适合保护无形的密码，更需要根据网络环境对密码进行补充的保护规定，但整体上对包括承载密码的设备、系统等还是能够涵盖的，但只要实践中的执行有效，就能提高密码的安全性。

2、可以在互联网络上传递国家秘密吗

按照《保守国家秘密法》第二十六条规定，禁止非法复制、记录、存储国家秘密。禁止在互联网及其他公共信息网络或者未采取保密措施的有线和无线通信中传递国家秘密。这一条款实际涉及三层含义：（1）禁止非法复制、记录、存储国家秘密，也包括核心密码、普通密码本身；（2）禁止在互联网及其他公共信息网络中传递国家秘密，无论是否采用核心密码或普通密码进行了加密保护或安全认证，包括在电子政务的“外网”；（3）在有线、无线通信中传递的国家秘密应“采取保密措施”。《计算机信息系统国际联网保密管理规定》第六条也明确，涉及国家秘密的计算机信息系统，不得直接或间接地与国际互联网或其他公共信息网络相联接，必须实行物理隔离。

据此，在互联网络或其他公共信息网络中（也称为“不安全网络”）不能传递国家秘密信息。在其他非公共网络中传递国家秘密信息，应使用对应级别的核心密码或普通密码。

此外，《保守国家秘密法实施条例》第二十一条规定：“传递国家秘密载体，应当通过机要交通、机要通信或者其他符合保密要求的方式进行”，对于载有国家秘密信息的介质载体的传递，形式上为载体，实质上传递的是国家秘密信息，应当按照机要规定的保密方式进行。这有别于直接在网络上传递国家秘密信息。

可能读者对“二战”以来谍战片中惊心动魄的秘密信息传递印象深刻，但实际上现代密码技术下的信息传递多是悄无声息地进行的。比如美国神秘的SIPRNet网络，也称为秘密网际协议路由网络，该网络与互联网络物理隔离，旨在供国务院与国防部等之间存储和传递全球范围内的秘密和机密级别的国家秘密信息。当然这些秘密网络也处在不断的改造、升级中，2018年美国国防部国防信息系统局（DISA）通过部署虚拟网络技术交付了升级版的SIPRNet，并通过部署企业级别的企业HAIPE加密器［类似之前我们提到的澳大利亚的高认证加密设备（HACE）］提升其安全性。

三、密码管理部门对密码工作机构的监督检查

国家秘密的主要监管部门是保密行政管理部门——国家保密局。核心密码和普通密码既是国家秘密的保护手段，又是国家秘密的保护对象，因此会涉及跨部门监管的情况，即国家保密局应当与国家密码管理局在职责分工和对应级别范围内协调管理密码。按照《保守国家秘密法》等的规定，对密码的指导、监督和检查主要涉及：（1）组织开展保密宣传教育；（2）实施保密检查；（3）部署保密技术防护；（4）查处泄密案件。

涉及国家秘密的监管机构实际上已经形成了跨部门的联席机制，这体现了在网络环境下安全风险管理的发展趋势。比如2020年4月施行的《网络安全审查办法》，就是由国家互联网信息办公室、国家发展和改革委员会、工业和信息化部、公安部、国家安全部、财政部、商务部、中国人民银行、国家市场监督管理总局、国家广播电视总局、国家保密局、国家密码管理局联合制定的。

涉及与国家秘密相关的密码监管，主要是国家保密局、国家密码管理局负责，此外还有国家互联网信息办公室以及与国家秘密相

关的行业、领域的主管部门监管机构。更宽泛的意义上，从目前的公开信息显示的涉及按照《保守国家秘密法》规定了国家秘密范围的部门规章类文件看，包括《中医药行业国家秘密及其密级具体范围的规定》《银行业金融机构工作中国家秘密范围的规定》《卫生工作国家秘密范围的规定》《测绘地理信息管理工作国家秘密范围的规定》[①]等，这些行业领域中涉及国家秘密的事项，对应的密码工作单位应根据实际情况采取包括密码在内的保密措施进行保护，并应接受密码管理部门等协作机制下的跨部门指导与监督。

各级密码管理部门依法履行监督管理职责时，可以行使下列职权：（1）进入密码工作机构和场所实施现场检查，形成检查笔录；（2）向密码工作机构的主要负责人和其他有关人员调查、了解有关情况，制作询问笔录；（3）查阅、复制有关密码工作的合同、文件、记录、票据、账簿以及其他有关资料，进行登记保存；（4）查封、扣押涉嫌违法产品等物品，以及涉嫌用于违法产品等物品的设备、设施和从事违法活动的场所；（5）对涉及计算机、移动存储介质等信息设备，组织或者委托具有技术核查取证职能的部门或者单位，进行技术核查取证。通常这些监督检查不会影响公众使用包括密码（系统）在内的各种公众服务。

① “自然资源部 国家保密局关于印发《测绘地理信息管理工作国家秘密范围的规定》的通知”，http：//www.gov.cn/zhengce/zhengceku/2020-07/08/content_5525075.htm.

四、如何解决泄密问题

1、涉及密码泄密的案件

从公开信息我们也能看到泄露国家秘密的各种案例，这些案件涉及泄露国家秘密的相关情形，但涉及密码的单一安全事件似不多见。《泄密案件查处办法》规定了公众如发现涉嫌泄露国家秘密的案件线索的，可向保密行政管理部门举报。一般涉及密码的泄露国家秘密的情形包括以下五种：

（1）使国家秘密被不应知悉者知悉的；

（2）使国家秘密超出了限定的接触范围，而不能证明未被不应知悉者知悉的；

（3）属于国家秘密的文件资料或者其他物品下落不明的；

（4）未采取符合国家保密规定或者标准的保密措施，在互联网及其他公共信息网络、有线和无线通信中传递国家秘密的；

（5）使用连接互联网或者其他公共信息网络的计算机、移动存储介质等信息设备存储、处理国家秘密，且该信息设备被远程控制的。

这五种情况中，公众能够感知到的可能会是在网络上发现疑似密码或密码保护的国家秘密信息的展示、讨论、传递的情况。对于民众担心的误报或者其他风险，《泄密案件查处办法》也做出了考虑：（1）举报人不愿意公开个人或者单位信息的，应当在受理登记时注明，并为其保密；（2）如泄密案件线索反映的情况失实的，不予处理，可以向有关机关、单位和案件当事人说明情况。

当然，在我们发现泄密情形时，可能不利后果已经发生了，因此随着技术能力的增强，强调对泄密的风险评估、信息共享和监测预警的事前响应能力，消除隐患于未然成为目前各国风险管理的主流趋势。在我国《网络安全法》第五章规定了“监测预警与应急处置”，未来《密码法》的监测预警、信息通报、应急处置等制度也将与其整合、论证，以真正有效地“协同联动”， 实现泄密风险预防。

2、对密码人员的管理

从已经公开的泄密案件可知，绝大多数的泄露国家秘密事件都是内部人员因故意或疏忽导致的重大责任事故——这实际上是密码人员的意识问题。

无论哪国出于保护国家秘密的考虑，都会对密码工作人员进行严格的管理。2015年5月《关于进一步加强涉密人员保密管理工作的意见》对涉密人员管理进行了总体全面的规范，进一步细化了涉密人员管理的主要制度措施，为机关单位涉密人员管理提供了具体依据。与此同时，《网络安全法》等法律法规也通过规定不断完善人员管理的制度和技术机制，为密码管理部门的人员建设提供必要法律支撑。

国外对涉密人员的管理也是非常严格的，例如美国就将涉密人员——准确的定义是“经授权可以接触国家秘密的人员”——具体划分为逻辑或者物理接近国家秘密但不知悉国家秘密内容的人员、持续接触和知悉国家秘密的人员以及敏感岗位工作的人员等类别。在已知的《确定接触秘密信息资格的判定原则》（Adjudicative Guidelines for Determining Eligibility for Access to Classified Information）（2005年）中详细规定了13项判定原则：忠诚度、涉外因素、亲外倾向、性行为、个人行为、财务状况、酗酒、涉毒、精神错乱、犯罪行为、处理受保护信息、涉外活动和使用信息技术系统的情况。英国的规定则更为有趣一些，将可能承担保密义务的人员分为五类：在国家安全和情报部门工作的人员，被明确告知受保密法律约束的人员、公务员、政府合同商和社会公众。这一分类基乎涵盖了所有英国人。

因此对密码人员的管理国内外都是如此。我们熟知的斯诺登“棱镜事件”如果从国家秘密保护的视角来看，不失为一起典型的故意泄密事件。这一事件的事后分析显示出外包风险和人员风险是威胁国家秘密的主要因素。

本章内容一经解读便失去了神秘而略显枯燥，读者的兴趣可能来源于“棱镜事件”等惊心动魄的“现代谍战”，而涉及国家秘密日常工作可能显得严肃而乏味，但其实除了各种检查之外，与密码相关的研发工作本身仍不失有趣。不如从密码学科和密码科学的知识体系，看看国内外的密码技术基础学科建设的情况——也是不断提升密码人员的专业素养。

目前国内对密码技术的学科建设主要体现在两个文件中，一个是2016年，中央网络安全和信息化领导小组办公室、国家发展和改革委员会、教育部、科学技术部、工业和信息化部、人力资源和社会保障部联合发布的《关于加强网络安全学科建设和人才培养的意见》，另一个是2017年，中央网络安全和信息化领导小组办公室秘书局和教育部办公厅印发的《一流网络安全学院建设示范项目管理办法》。在这些政策的推动下，目前国内高等院校开设了密码学相关课程，将密码（学）作为网络安全人才培养的重要内容。密码学作为专业性的技术科学学科，对相关人才的培训需要的是一个包括大体系、长周期的过程，也需要博采众长，了解和借鉴其他国家、地区的实践做法。

接着我们在前面提到的NCWF框架，多讲几句该框架的密码学相关目录和类域的介绍。NCWF框架全称是NICE 网络安全人力资源框架，该框架用通用分类方法描述网络安全工作和人员的知识、技能和能力（KSAs）。与密码相关的角色是作为33个专业领域之一的网络安全管理设定的“通信安全管理人员”（Communications Security Manager），包括了管理组织的通信安全资源或加密密钥管理系统（CKMS）的密钥管理者，其与密码有关的任务描述包括：（1）使用技术手段解密数据；（2）开发数据管理功能（如基于云的集中式加密密钥管理）；（3）提供基于公钥基础结构（PKI）库的应用，并适时整合证书管理和加密功能；（4）检测和分析加密数据、备用数据流和其他形式的隐秘数据；（5）应用网络安全功能（如加密、访问控制和身份管理）以减少信息泄露；（6）与法律顾问和管理层、主要部门等合作，确保组织拥有并保持适当的保密信息以及反映当前组织和法律实践和要求的材料等。

由此也可以看出，与密码相关的角色不仅应当具备密码技术知识，应用现代密码技术产品、服务的能力，还应当具备相应的管理能力和与法律专家进行沟通、合作的能力，“才、法兼备”。有兴趣的读者可以访问NICE相关网站（和表格）[①]了解包括密码在内的网络安全技术和人力资源匹配关系，这也是值得研习的重要方向。

---

① National Initiative for Cybersecurity Education(NICE) Cybersecurity Workforce Framework, https：//csrc.nist.gov/publications/detail/sp/800−181/final.

五、密码通行的“免检”便利

简单地讲，免检属于快速通道，由于密码工作不可避免地涉及有关物品、人员的流动和进出国边境、限制区域、场所或检查关卡，如对其进行例行或常规检查可能造成功能损失甚至失密。为此，《密码法》赋予密码工作的监管部门相应的提请检查机关免检的权力，以保障密码工作的顺利进行。但与读者在影视作品中看到的王牌特工畅通无阻不同，真实世界中的免检应基于“最小化原则”，严格限定其是出于密码工作的需要，特别是禁止以“国家安全”“密码工作”需要为名，对无关的物品、人员免检或寻求、谋求个人或机关的自身利益。

原《中华人民共和国国家安全法》（以下简称《国家安全法》）第十二条规定了因国家安全工作的需要，可以提请检查机关提供便利，2015年7月1日，第十二届全国人民代表大会常务委员会第十五次会议对《国家安全法》的修订删除了相应规定。目前基于“国家安全”事由的提请免检便利，限于本条、《中华人民共和国反间谍法》（以下简称《反间谍法》）第十四条和《中华人民共和国国家情报法》（以下简称《国家情报法》）第十八条。提请免检便利乃是关系国家安全的重大、紧急事由，必须严格限定其适用场景与程序，避免和防止这一权力的扩大或滥用。具体在本条上，准确适用免检需要三个条件：（1）必须基于密码工作需要；（2）必须按照国家有关规定提请；（3）免检的对象限于与核心密码、普通密码有关的物品和人员。

另，我还需明确区分理解“国家规定”和“国家有关规定”。

按照《刑法》第九十六条，违反国家规定，是指违反全国人民代表大会及其常务委员会制定的法律和决定，国务院制定的行政法规、规定的行政措施、发布的决定和命令。2011年《最高人民法院关于准确理解和适用刑法中“国家规定”的有关问题的通知》规定：一、刑法中的 “国家规定”是指，全国人民代表大会及其常务委员会制定的法律和决定，国务院制定的行政法规、规定的行政措施、发布的决定和命令。其中，“国务院规定的行政措施”应当由国务院决定，通常以行政法规或者国务院制发文件的形式加以规定。以国务院办公厅名义制发的文件，符合以下条件的，亦应视为刑法中的“国家规定”：（1）有明确的法律依据或者同相关行政法规不相抵触；（2）经国务院常务会议讨论通过或者经国务院批准；（3）在国务院公报上公开发布。二、对于规定不明确的，要按照本通知的要求审慎认定。对于违反地方性法规、部门规章的行为，不得认定为“违反国家规定”。行文至此《刑法》下“国家规定”的概念已比较清晰，但什么是“国家有关规定”的问题，而且从直观上认为“国家有关规定”的范围大于“国家规定”，但2017年《最高人民法院、最高人民检察院关于办理侵犯公民个人信息刑事案件适用法律若干问题的解释》又规定，违反法律、行政法规、部门规章有关公民个人信息保护的规定的，应当认定为刑法第二百五十三条之一规定的“违反国家有关规定”。这些规定的冲突就为“规定”的“扩大化”解释提供了可能，不利于法律的准确施行。

◎ 思考未来 ◎

第一个问题：通过本章内容，读者是否对“保密”工作与密码工作的区别与联系有所了解？提示信息是，读者可以从两类工作的主管机构入手区分，也可将密码作为保密的一种主要方式寻找联系。

第二个问题：传统的保守国家秘密的制度、实践，是否都需要通过电子化、网络化的方式进行改造？密码保护是否是唯一的保密机制？目前的一种趋势认为应实现对所有可电子化信息的电子化转换，对这一问题需要考虑其必要性、成本效用，甚至是环保因素。

第三章

商用密码

任何技术，只要足够高深，都无法与魔法区分开来。

——［英］亚瑟·克拉克

商用密码在1999年《商用密码管理条例》颁布后呈现出日渐繁荣的市场业态，这是密码技术的魔力与适度监管的弹性共同促成的结果。而随着商用密码监管法律合理性和有效性的持续改进，商用密码也将进一步展示其技术的高深与应用的近人。《密码法》第三章即是密码市场与产业发展与规范的法律保障。明确和辨析市场监管的自愿性、自律性等原则和监管制度，并对商用密码的标准、检测认证、应用安全性评估、安全审查、进出口、电子政务、行业协会做出了规定，体现出以目录管理和负面清单为限定的监管理念。

一、商用密码和商用密码市场

1、商用密码

商用密码的特点需要从这个概念的提出、演变来看，用发展的眼光进行观察。我国最早在1996年7月，中央政治局常委会专题研究密码工作，作出大力发展商用密码和加强对商用密码管理的决定，至此商用密码成为专有名词并在1999年通过《商用密码管理条例》

进行了专门立法。1999年10月，国家密码管理委员会办公室负责人就《商用密码管理条例》答记者问时指出，“发展商用密码的目的是为了满足使用。为使社会和经济活动中各种不涉及国家秘密的敏感信息得到有效的保护，国家允许各行各业及个人使用商用密码保护本组织或公民个人的信息安全。因此，《商用密码管理条例》中对使用商用密码的主体资格没有做出严格的限制。也就是说，一切经济、文化、科技、商贸、金融、行政等部门、企业事业单位、组织和公民个人，只要是因工作需要或出于合理、正当的理由，都可以使用商用密码。”

所以，除了用排除法定义商用密码是“用于保护不属于国家秘密的信息”的密码，还可以用列举和归纳的方法定义商用密码：用于保护法人和其他组织的商业秘密等非公开信息，保护公民个人信息、隐私等安全的技术、产品和服务。也就是说，商用密码不一定非得商用，也可以用于公民保护个人信息、隐私、数据等的安全。

在国际上，美国、英国、日本、法国、德国、俄罗斯等工业化国家为了在某些情况下限制常规武器和“两用”技术出口至某些国家而共同制定了《瓦森纳协定》［全称是《关于常规武器和两用物品及技术出口控制的瓦森纳协定》（The Wassenaar Arrangement on Export Controls for Conventional Arms and Dual-Use Good and Technologies）］，对密码等“军民两用商品和技术”协调进出口政策并施行清单管理。在国际话语上，商用类似于民用，是与军用相对的用途规定，如果某些密码能够同时实现军事和商业用途，就称之为两用或者“双重用途”（dual use）。正如读者们所知，美国是贯彻《瓦森纳协定》最为彻底的国家，并通过对其他国家施加非正式影响的方式，决定了其他国家对《瓦森纳协定》的实际执行。因此健全统一、开放、竞争、有序的商用密码市场体系不仅具有繁荣国内网络安全市场的意义，还具有消除《瓦森纳协定》负面影响的重大国际意义。

尽管商用密码“用于保护不属于国家秘密的信息”，但商用密码的广泛应用仍然会影响和损害国家安全、社会公共利益或公民合法权益。从国内外公开信息检索到的一些已知案例中，最为著名的是2013年据纽约时报和路透社等报道，美国安全技术公司RSA（使用了与RSA密码算法一样的名称）在收取国家安全局（NSA）支付的费用后，在其软件Bsafe中嵌入NSA开发并植入“后门”的伪随机数生成算法（Dual_EC_DRBG，双椭圆曲线确定性随机比特生成器——读者此前了解的伪随机数概念派上了用场），随后通过NIST认证和推荐成为安全加密标准（正式写入NIST SP800- 90A标准，2014年4月迫于公众压力被移出标准），由此成为众多软件产品默认使用的随机数生成器，为NSA大规模“破解”加密数据提供了可能。除了上述广为人知的Dual EC_DRBG双椭圆曲线确定性随机比特生成器外，NSA还在另一个RSA加密产品——Extended Random协议中植入“后门”，使得本意是增加双椭圆曲线算法产生的密钥数值随机性的协议，反而可将“破解”RSA双椭圆曲线加密软件密码的速度提升数万倍。这些案例也体现出我们接下来所要讨论到的，需要通过良性竞争的标准国际化进程消除一些安全风险。

2、我国商用密码市场现状

建设商用密码技术和市场的开放体系，营造商用密码适度监管的宽松氛围，是目前各主要国家致力于推动的方向。通过技术发展和市场繁荣提高安全能力，通过安全、秩序的合理约束促进技术和市场的良性发展，这种安全与发展的关系已经是目前普遍共识。

按照2017年的统计，我国有超过1900款的商用密码通用产品，900多家从业单位，整个商用密码产业规模大概达到250亿人民币，到2019年底，通过审批的商用密码产品超过了2000款，形成了较为完整的产业链体系——也就是说，在全球普遍接受的商用密码的产品分类上，如密码芯片、密码板卡、密码机、密码系统等，国内都有对应的商用密码产品和服务。这个规模在整个网络安全市场中的份额大概如何——2016年的统计显示全球网络安全市场规模已超过6000亿人民币，2019年全球网络安全行业市场规模达到约1200亿美元。因此总体上，密码在网络安全行业的占比（不超过5%）略低，也与密码作为基础性的网络安全保障措施的重要地位不相匹配。

在具体行业和场景应用上，2019年国内商业银行已发行支持SM系列商用密码算法的金融IC卡超过6.5亿张，使用商用密码的第二代居民身份证换发超过18亿张。因此我国商用密码在特定行业或领域的应用颇具亮点但还未普遍应用。

这里的商用密码市场没有提到开源的密码技术、产品和服务，其实在全球市场上，包括开源密码在内的开源软件是非常活跃的市场行为。我们也会在对应章节讨论开源密码的知识。

3、什么是非歧视原则和强制转让

非歧视原则是世界贸易组织（WTO）的基本法律原则之一。在世界贸易组织的管辖领域内，各成员应公平、公正、平等地对待其他成员的包括货物、服务、服务提供者或企业、知识产权所有者或持有者等在内的与贸易有关的主体和客体。《密码法》将非歧视原则明确为商用密码领域的基本原则，也是将商用密码视为国际贸易中的重要活动。在世界贸易组织中，非歧视原则主要通过最惠国待遇和国民待遇实现。最惠国待遇是指，各成员无论在给予某一成员优惠待遇方面，还是按规定对某一成员实施贸易限制方面，都应对所有其他成员同等对待；国民待遇意味着对本国和外国的产品、服务、服务提供者或企业的同等待遇。在这一原则和待遇下，各成员不能借助非市场的行政手段“单边”要求其他成员进行技术转让，例如在设立外商投资企业时，不能将强制签订商用密码“技术转让协议”作为外商准入投资的条件。在各国市场开放的早期，如日本第五代计算机计划之前、我国改革开放之初，“以技术换市场”的提法和技术许可协议曾作为投资强度指标被广泛使用。读者是否能区分与理解技术转让和技术许可的差异？

我国2020年开始正式施行的《中华人民共和国外商投资法》（以下简称《外商投资法》）是该WTO原则的集中体现，其第四条规定：“国家对外商投资实行准入前国民待遇加负面清单管理制度。前款所称准入前国民待遇，是指在投资准入阶段给予外国投资者及其投资不低于本国投资者及其投资的待遇；所称负面清单，是指国家规定在特定领域对外商投资实施的准入特别管理措施。国家对负面清单之外的外商投资，给予国民待遇。”国民待遇加负面清单模式也是世界上广泛适用的市场规则。

二、商用密码标准

1、商用密码的国家标准和行业标准

中国对标准的基础性立法是《中华人民共和国标准化法》（以下简称《标准化法》）（2017年修订），通过对“农业、工业、服务业以及社会事业等领域需要统一的技术要求”进行标准化，设定了一些对产品、服务质量的基本“底线”和不同“标线”。对于“底线”的强制性国家标准［代号为GB（就是“国标”拼音的简写）］必须强制性执行，主要包括“对保障人身健康和生命财产安全、国家安全、生态环境安全以及满足经济社会管理基本需要的技术要求”；对于不同“标线”的推荐性国家标准［代号为GB/T（这里的T就是推荐的意思）］，国家鼓励采用，主要指“对满足基础通用、与强制性国家标准配套、对各有关行业起引领作用等需要的技术要求”。这一标准化的动力在国内可以上溯到统一度量衡与货币的秦汉时代，而工业革命以来，各国加强了对标准化进程。

由此，商用密码国家标准、行业标准属于政府主导制定的标准，商用密码团体标准、企业标准属于市场主体自主制定的标准。

目前在商用密码领域通行的主要还是推荐性标准，由国家标准化管理委员会组织制定和发布。1996年有过的GB 15852-1995《信息技术 安全技术 用块密码算法作密码校验函数的数据完整性机制》属于强制性国家标准，后由于不属于上述"保障人身健康和生命财产安全、国家安全、生态环境安全以及满足经济社会管理基本需要的技术要求"，故在《标准化法》修订后废止。

《标准化法》规定"行业标准由国务院有关行政主管部门制定，报国务院标准化行政主管部门备案"，直接套用后便是商用密码行业标准由国家密码管理局组织制定，报国家标准化管理委员会备案，代号为GM（"国密"拼音的简写）。同样GM/T表示推荐性国密标准，GB/Z或GB/Y则表示指导性和研究类的国密标准。目前我国商用密码的行业标准分为基础类标准、应用类标准、检测类标准和管理类标准四类。其中基础类标准为其他三类标准提供了底层、共性支撑（如术语、算法、协议、产品等）；检测类标准为基础类标准和应用类标准提供了合法性检测的功能，保障商用密码使用的合法性；管理类标准为其他三类标准提供了管理功能；应用类标准为上层具体的密码产品、服务应用提供支持。这种早期的分类依据大概受到美国1994年《加密标准和程序法案》对"密码标准"定义的影响。新近也有更为准确和细化的类别方法将商用密码的标准划分为七类，并按照技术、管理等不同维度进行规划，这些标准划分和规划体现出对标准泛滥进行管理的必要性。

商用密码标准化领域中的主导机构是密码行业标准化技术委员会。2011年10月，经国家标准化管理委员会批准，国家密码管理局设立了密码行业标准化技术委员会。密码行业标准化技术委员会作为我国密码行业唯一标准化组织，受国家密码管理局委托，主要履行以下职责：（1）提出密码行业标准规划和年度标准制定、修订计划的建议；（2）组织密码行业标准的编写、审查、复审等工作；（3）组织密码领域的国家和行业标准的宣传贯彻，推荐密码领域标准化成果申报科技进步奖励，或向国家标准化管理委员会提出项目奖励建议；（4）受国家标准化管理委员会委托，对相关国际标准文件进行表决、审查我国提案，并组织开展国际技术交流与合作等。那么商用密码标准如何“上升”为国家（推荐）标准，这里就需要引入一个非常重要的机构——全国信息安全标准化技术委员会WG3工作组。2015年开始，信安标委WG3工作组将具有通用性的商用密码行业标准转化为国家标准，至2020年初已经发布（转化）了28项商用密码国家标准。

2、商用密码的团体标准和企业标准

商用密码团体标准由商用密码领域的学会、协会等社会团体制定，2015年国家质检总局、国家标准委制订了《关于培育和发展团体标准的指导意见》，明确了团体标准的合法地位。商用密码企业标准由商用密码企业制定或者企业联合制定。企业需要通过推动企业标准来确立自身的行业地位，如2016年7月浙江某企业编写的Q/MS 09-2016《指纹密码钥匙》就属于商用密码领域的企业标准。国家鼓励社会团体、企业制定高于推荐性标准相关技术要求的团体标准、企业标准，否则这些标准的制定就没有意义。对于团体标准、企业标准，《标准化法》规定了自我声明公开和监督制度。企业应当公开其执行的强制性标准、推荐性标准、团体标准或者企业标准的编号和名称；企业执行自行制定标准的，还应当公开产品、服务的功能指标和产品的性能指标。

3、商用密码的国际标准和事实标准

除了《标准化法》规定的这些类型标准外，还有两类实践中的重要标准类型，就是国际标准和事实标准。国际标准通常指的是国际标准化组织（ISO）、国际电工委员会（IEC）、联合国的国际电信联盟（ITU）发布的标准，此外在通讯相关领域，也包括全球移动通信系统协会（GSMA）、电气电子工程师协会（IEEE）等专业组织提出和发布的标准。第五代移动通信技术（5G）相关标准是目前各国和国际组织争夺的高点。这一领域的进展包括2020年7月，国际电信联盟（ITU）的无线通信部门（ITU-R）国际移动通信工作组（WP 5D）第35次会议宣布3GPP（又是一个成立于3G时代的国际标准化组织）的5G技术（含NB-IoT）为ITU IMT-2020 5G技术标准，但各主要5G国家在这一领域的互搏远未结束。

具体到密码学与安全机制（Cryptography and security mechanisms），主要由ISO/IEC JTC 1/SC 27的第二工作组（WG2）负责，比如用《ISO/IEC 29192 Information technology- Security techniques-Lightweight cryptography》等标准进行规范。

事实标准是对某一领域的产品或服务占据主导地位的默认。大家一般认为信息技术领域早些年的桌面操作系统的事实标准由微软的Windows奠定，在这一事实标准的作用下，几乎所有的应用软件都需要兼容和接纳操作系统设定的规范，甚至包括用于用户交互的界面。之后IE浏览器成为网站访问的应用标准，PDF格式成为电子书的事实标准，而现在HTML 5也号称继续成为网页的标准标记语言。在商用密码领域，事实标准包括了我们之前提到的SSL协议等。事实标准的特点在于其不是《标准化法》意义上的标准，并没有经过标准机构的“认真”推动，也并不是解决某类网络问题的最优方案，但由于免费、易用等特点，占据了某一产品或服务的习惯主导地位。

4、商用密码国家标准一览

至2019年底，国家标准化管理委员会已发布商用密码国家标准29项，国家密码管理局已发布商用密码行业标准91项，至2020年底，国家密码管理局又多批次发布了GM/T0012-2020《可信计算可信密码模块接口规范》等26项密码行业标准，覆盖商用密码技术、产品、服务、应用、检测和管理等多个领域。通过标准化，商用密码的产品、服务质量，不同产品、服务之间的规范得到了基本保障，从而才使商用密码的市场化和商业化应用成为可能。同时，商用密码的标准化也有利于对商用密码的管理。通常对于非标准的商用密码，国内外都需要单独对其进行监管，比如美国商务部下设工业安全局（BIS）在《出口管理条例》（EAR）的772《术语和定义》文件中明确了非标准密码（non-standard cryptography）的定义，认为非标准密码是未被标准化组织，如ISO、GSMA、IEEE等采用的非公开的加密算法或协议，对于这些商用密码，在进出口的时候将会对其进行特殊关照（进行基于审查的许可证管理）。

通过下表，读者们可以对商用密码的国家标准和分类的全貌予以了解，与动辄成百上千的行业标准相比，商用密码的国家标准可以用“小众”来形容。这些商用密码的国家标准主要是由行业标准转化而来的。下表为至2020年底（与2019年比较增加8项）有效的密码国家标准与密码行业标准的对照（部分无对应的密码行业标准）。

序号	国家标准编号	中文名称	行业标准类别
1	GB/T 17901.1—2020	信息技术 安全技术 密钥管理 第1部分：框架	–
2	GB/T 17964—2008	信息安全技术 分组密码算法的工作模式	–
3	GB/T 25056—2018	信息安全技术 证书认证系统密码及其相关安全技术规范	GM/T 0034–2014
4	GB/T 32905—2016	信息安全技术 SM3密码杂凑算法	GM/T 0004–2012
5	GB/T 32907—2016	信息安全技术 SM4分组密码算法	GM/T 0002–2012
6	GB/T 32918.1—2016	信息安全技术 SM2椭圆曲线公钥密码算法 第1部分：总则	GM/T 0003.1–2012
7	GB/T 32918.2—2016	信息安全技术 SM2椭圆曲线公钥密码算法 第2部分：数字签名算法	GM/T 0003.2–2012
8	GB/T 32918.3—2016	信息安全技术 SM2椭圆曲线公钥密码算法 第3部分：密钥交换协议	GM/T 0003.3–2012
9	GB/T 32918.4—2016	信息安全技术 SM2椭圆曲线公钥密码算法 第4部分：公钥加密算法	GM/T 0003.4–2012
10	GB/T 32918.5—2017	信息安全技术 SM2椭圆曲线公钥密码算法 第5部分：参数定义	GM/T 0003.5–2012
11	GB/T 33133.1—2016	信息安全技术 祖冲之序列密码算法 第1部分：算法描述	GM/T 0001.1–2012
12	GB/T 33560—2017	信息安全技术 密码应用标识规范	GM/T 0006–2012

13	GB/T 35275—2017	信息安全技术 SM2密码算法加密签名消息语法规范	GM/T 0010-2012
14	GB/T 35276—2017	信息安全技术 SM2密码算法使用规范	GM/T 0009-2012
15	GB/T 35291—2017	信息安全技术 智能密码钥匙应用接口规范	GM/T 0016-2012
16	GB/T 36322—2018	信息安全技术 密码设备应用接口规范	GM/T 0018-2012
17	GB/T 32915—2016	信息安全技术 二元序列随机性检测方法	GM/T 0005-2012
18	GB/T 20518—2018	信息安全技术 公钥基础设施 数字证书格式	GM/T 0015-2012
19	GB/T 32922—2016	信息安全技术 IPSec VPN安全接入基本要求与实施指南	-
20	GB/T 29829—2013	信息安全技术 可信计算密码支撑平台功能与接口规范	GM/T 0011-2012
21	GB/T 18238.1—2000	信息技术 安全技术 散列函数 第1部分：概述	-
22	GB/T 18238.2—2002	信息技术 安全技术 散列函数 第2部分：采用n位块密码的散列函数	-
23	GB/T 18238.3—2002	信息技术 安全技术 散列函数 第3部分：专用散列函数	-
24	GB/T 31503—2015	信息安全技术 电子文档加密与签名消息语法	-
25	GB/T 36968—2018	信息安全技术 IPSec VPN技术规范	GM/T 0022-2014

26	GB/T 37033.1—2018	信息安全技术 射频识别系统密码应用技术要求 第1部分：密码安全保护框架及安全级别	GM/T 0035.1-2014（密码行业标准为5个部分，转换时部分合并）
27	GB/T 37033.2—2018	信息安全技术 射频识别系统密码应用技术要求 第2部分：电子标签与读写器及其通信密码应用技术要求	GM/T 0035.2-2014、GM/T 0035.3-2014、GM/T 0035.4-2014
28	GB/T 37033.3—2018	信息安全技术 射频识别系统密码应用技术要求 第3部分：密钥管理技术要求	GM/T 0035.5-2014
29	GB/T 37092—2018	信息安全技术 密码模块安全要求	GM/T 0028-2014
30	GB/T 38540—2020	信息安全技术 安全电子签章密码技术规范	GM/T 0031-2014
31	GB/T 38541—2020	信息安全技术 电子文件密码应用指南	GM/T 0071-2019
32	GB/T 38556—2020	信息安全技术 动态口令密码应用技术规范	GM/T 0021-2012
33	GB/T 38625—2020	信息安全技术 密码模块安全检测要求	GM/T 0039-2015
34	GB/T 38629—2020	信息安全技术 签名验签服务器技术规范	GM/T 0029-2014
35	GB/T 38635.1—2020	信息安全技术 SM9标识密码算法 第1部分：总则	GM/T 0044.1-2016（密码行业标准为5个部分，待转换）
36	GB/T 38635.2—2020	信息安全技术 SM9标识密码算法 第2部分：算法	GM/T 0044.2-2016
37	GB/T 38636—2020	信息安全技术 传输层密码协议（TLCP）	-

5、我国参与商用密码国际标准的努力

我国高度重视商用密码国际标准化工作，推动以我国自主设计研制的SM系列密码算法为代表的中国商用密码标准纳入国际标准，积极参与国际标准化活动，加强国际交流合作。2011年9月，我国设计的祖冲之（ZUC）算法被纳入国际第三代合作伙伴计划组织（3GPP，也是制定5G标准的国际组织之一）的4G移动通信标准，用于移动通信系统空中传输信道的信息加密和完整性保护，这是我国密码算法首次成为国际标准。2020年5月，在第60次国际标准化组织、国际电工委员会第一联合技术委员会信息安全分技术委员会（ISO/IEC JTC1 SC27）工作组会议上，包括我国ZUC序列密码算法在内的ISO/IEC 18033-4/AMD1《加密算法第4部分：序列算法-补篇1》获得一致通过，成为ISO/IEC国际标准，进入发布阶段。2015年5月起，我国陆续向ISO提出了将SM2、SM3、SM4和SM9算法纳入国际标准的提案。2017年，SM2和SM9算法成为ISO/IEC国际标准并在2018年被纳入ISO/IEC 14888-3：2018。同年，SM3算法也正式被纳入ISO/IEC 10118-3：2018，成为ISO/IEC国际标准。这些商用密码的标准化为商用密码国际标准在全球范围的发展与应用提供了中国方案和多样选择。

在转化运用国际标准方面，商用密码行业标准GM/T 0028《密码模块安全技术要求》（已上升为国家标准GB/T 37092-2018）和GM/T 0039《密码模块安全检测要求》（国家标准GB/T 38625-2020）分别参考了国际标准ISO/IEC 19790《密码模块的安全要求》和ISO/IEC 24759《密码模块的检测要求》编制，为规范商用密码产品管理、提升商用密码产品安全防护能力发挥了重要作用，也体现了商用密码标准制定的开放性。

整体而言，在商用密码领域的标准国际化上，我国尽管多有参与并取得了某些突破，但参与的深度和广度还有待加强，目前主要的参与工作也多是通过相关行政机构进行，来自行业、企业的参与并不充分。如果借用并稍微拓展一下《三体》论述的“符号接触理论”，单一标准的国际化可能会导致不信任的加剧——对某一国商用密码标准的漏洞或后门的质疑将必然导致漏洞的发现（因为会有更多的漏洞挖掘的尝试和努力），标准的多样化共识则可以消弭这种不信任，最终达到都可接受的信任程度（平衡）。

6、标准应用的实例与法律责任

《标准化法》要求“企业应当公开其执行的强制性标准、推荐性标准、团体标准或者企业标准的编号和名称”，因此对具体的商用密码产品、服务，企业应当主动公开适用的标准。除了像ATM这样综合使用密码的应用外，再举一个大家都比较关注的公共安全的视频监控设备的实例。

视频监控设备集成了多种信息技术，并将采集的音视频通过公共网络从（前端）设备传输到管理平台（后端）进行控制处理，这里就会涉及前端密码模块和后端密码机的商用密码应用，涉及的国家标准、行业标准包括GB 35114- 2017《公共安全视频监控联网信息安全技术要求》（注意这个是强制性国家标准）、GB/T 28181-2016《公共安全视频监控联网系统信息传输、交换、控制技术要求》、GB/T 25724- 2017《公共安全视频监控数字视音频编解码技术要求》等。由于视频监控设备涉及对公钥密码技术设施的系统化部署，因此还应用到目前所有的基础设施类商用密码标准，包括使用SM2商用密码算法的GM/T 0014-2012《数字证书认证系统密码协议规范》、GM/T 0015- 2012《基于SM2密码算法的数字证书格式规范》、GM/T 0034- 2014《基于SM2密码算法的证书认证系统密码及其相关安全技术规范》，最后对于视频监控设备的密码是否符合这些规定，还需要通过我们之前提到的各种商用密码检测类标准的评价，包括GM/T 0028《密码模块安全技术要求》、GM/T 0039《密码模块安全检测要求》、GM/T 0059《服务器密码机检测规范》等等。

有了这些专业、复杂的密码应用后，为什么还是会有视频监控数据泄露的情况发生？这只能说密码也无能为力了。其实这些数据泄露大致是这样两种情况：大量的视频监控设备并不属于我们这里所讨论的“公共安全视频监控设备”，而是企业等在其区域内自行部署和控制的视频监控设备，难以通过商用密码的标准化体系约束；另外“公共安全视频监控设备”泄密的大部分原因是人员故意或无意的转录、下载、复制后发布或传播，对于这种情况，商用密码也无计可施——除非是在视频监控设备的平台（后端场所）部署视频监控设备……人是网络安全最难以捉摸的因素。

对于违反标准规定（比如没有达到推荐性国家标准而宣称达到标准要求等等）提供商用密码产品、服务的法律责任，一般分为两种情况。如果该标准属于强制性国家标准的，则按照《标准化法》规定进行查处、公示，并记入企业信用记录，构成犯罪的，依法追究刑事责任。由于目前在商用密码领域没有强制性国家标准，此类法律责任尚不会产生；如果是非强制性国家标准，在《标准化法》下的主要责任是责令改正和公示，但更为主要的风险是导致企业在协议层面的违约责任。

事实上，按照《网络安全法》《网络安全审查办法》等规定，关键信息基础设施领域或网络安全等级保护三级以上的企业用户都会面临更大的供应链安全“审查压力”，比如《网络安全审查办法》要求“（关键信息基础设施）运营者采购网络产品和服务的，应当预判该产品和服务投入使用后可能带来的国家安全风险。影响或者可能影响国家安全的，应当向网络安全审查办公室申报网络安全审查”，如果申报网络安全审查，应当提交“采购文件、协议、拟签订的合同等”，因此这些企业用户也会从风险转移的角度出发，在协议中将商用密码产品、服务提供者是否符合标准要求作为一个基础性的关注点，并增加商用密码产品、服务提供者的义务和责任。否则等待关键信息基础设施运营者的就是《网络安全法》第六十五条的法律责任：关键信息基础设施的运营者……使用未经安全审查或者安全审查未通过的网络产品或者服务的，由有关主管部门责令停止使用，处采购金额一倍以上十倍以下罚款；对直接负责的主管人员和其他直接责任人员处一万元以上十万元以下罚款。

三、商用密码检测认证的一般规定

1、检测与认证及其差别

《密码法》第三章带我们领略了不同领域的基础性法律问题，我们从标准领域的基本法律《标准化法》进入到检测与认证的基础法规《中华人民共和国认证认可条例》（以下简称《认证认可条例》）。

《密码法》对一些基础性的法律概念不进行规定，这也是《密码法》作为技术性立法的一大特点，或者从立法者的角度，检测和认证在实践中容易区分，至少比从条文中进行定义要简单——只需要在条文中明确哪些商用密码产品、服务需要检测，哪些需要认证，哪些既可以检测也可以认证——而且《密码法》真的做到了。但这不影响我们重新出发，从概念开始了解，从技术到法律的某些交界和细枝末节。

按照《认证认可条例》规定，认证“是指由认证机构证明产品、服务、管理体系符合相关技术规范、相关技术规范的强制性要求或者标准的合格评定活动”，在企业或企业的产品、服务通过认证后，其证明形式是一份“证书”。但《认证认可条例》没有规定何为“检测”。现实生活中的检测无处不在，比如农贸市场对果蔬产品的农药残留检测，对各种日常用品的质量检测与“曝光”，“检测”活动如此普遍以至于《认证认可条例》都无从法律角度进行定义吗？

如我们前文所述，对于商用密码产品、服务，已经有相应的标准和规范进行约束，比如之前我们提到的GM/T 0039《密码模块安全检测要求》、GM/T 0059《服务器密码机检测规范》，而根据国家密码管理局商用密码检测中心的数据，目前已知的商用密码检测类标准已经多达67项。由此我们可以推导出商用密码检测应该指商用密码检测机构按照可适用法律法规和相关商用密码标准、规范，进行检查、测量，并出具相应的数据和结论的证明或评价活动——以上概念为本书一家之言，仅供参考——如果与认证类比，其证明形式是一份“报告”。

在信息安全领域，最为知名的认证是基于ISO 27001的信息安全管理体系认证，以及与之相关的ISO 27018、ISO 27701等认证，目前国内一些“头部”企业（读者可发现，企业或企业产品、服务均可作为认证的对象）已经获得了 ISO/IEC 27018：2014认证（全称是“公有云个人信息保护国际认证”），以及基于GB/T 35273–2017《信息安全技术 个人信息安全规范》的个人信息安全管理体系认证。这些认证在支持企业建立和维护信息与网络安全方面具有重要意义，但任何认证的通过均不能减轻或免除企业的《网络安全法》或《密码法》下的网络安全保护、个人信息保护等义务。

商用密码领域的检测，目前主要是由国家密码管理局商用密码检测中心、鼎铉商用密码测评技术（深圳）有限公司、智巡密码（上海）检测技术有限公司三家机构实施。其中国家密码管理局商用密码检测中心因为“直属”而成为首家机构，其具体的职责主要包括商用密码产品密码检测、信息安全产品认证密码检测、含有密码技术的产品密码检测、信息安全等级保护商用密码测评、商用密码行政执法密码鉴定、国家电子认证根CA建设和运行维护、密码技术服务、商用密码检测标准规范制订等。

按照国家密码管理局和市场监管总局的规定，2020年6月底对尚在有效期内的《商用密码产品型号证书》换发《商用密码产品认证证书》的工作完成。对此关注的读者可移步专门网站“商用密码认证业务网站”查询，目前显示通过认证的商用密码产品约为1600多件。

读者需要注意的是，按照《密码法》的规定，检测认证区分产品、服务的关键和重要程度分别适用自愿和强制原则，一般的商用密码产品生产企业可以对商用密码产品申请检测，取得检测报告，也可以申请认证，拿到认证证书，而商用密码服务则只能通过认证。但申请检测或认证均属于自愿行为，换言之，即使这些产品、服务没有进行检测或认证，正常的销售也不受影响。但《密码法》第二十六条规定的涉及国家安全、国计民生、社会公共利益的商用密码产品，应当由具备资格的机构检测认证合格后，方可销售或者提供。商用密码服务使用网络关键设备和网络安全专用产品的，应当经商用密码认证机构对该商用密码服务认证合格（方可提供）。

按照修订后的《商用密码管理条例》，这些产品如果需要向关键信息基础设施、网络安全等级保护第三级以上网络、国家政务信息系统等网络与信息系统的运营者销售，或者这些运营者主体在采购商用密码产品或服务时，也会看这些产品、服务是否通过了检测或认证，那么检测和认证就成为了强制义务。

此外，使用商用密码进行保护的关键信息基础设施运营者，只能强制性地自行或者委托商用密码检测机构开展商用密码应用安全性评估，这里的评估实际上也属于商用密码检测的范畴。有关强制性检测认证，读者应结合第二十六条和第二十七条的内容一并研读，而电子认证和电子政务电子认证则有待对第二十九条的讨论。

2、检测与认证机构

《认证认可条例》和国家密码管理局规定了商用密码检测机构和认证机构不同的准入条件，或者说资质，一般而言，商用密码领域的检测认证不会超过《认证认可条例》规定的条件。

检测机构的资质一般包括：（1）具有企业法人或者事业单位法人资格，注意这里的法人资格并没有区分内资和外资；（2）具有与从事商用密码检测活动相适应的资金、场所、设备能力；（3）具有与从事商用密码检测活动相适应的人员和技术能力；（4）具有与商用密码检测活动相适应的技术措施和管理制度。概而言之就是应从人、财、物方面做好准备。

认证机构的资质一般包括：（1）取得法人资格，注意《认证认可条例》对外商投资企业取得认证机构资质附加了额外条件，包括外商投资企业的外方投资者股东应取得其所在国家或者地区认可机构的认可、并具有3年以上从事认证活动的业务经历的证明；（2）有固定的场所和必要的设施；（3）有符合认证认可要求的管理制度；（4）注册资本不得少于人民币300万元；（5）有10名以上相应领域的专职认证人员；（6）还应当具备与从事相关产品认证活动相适应的检测、检查等技术能力。

一般而言，我们无法感知密码的应用和对安全与否作出评价，所以才会有那句著名的论断：“网络上只有两种人，一种是个人信息泄露了的人，另一种是不知道自己个人信息泄露的人。”为此我们还需更多地仰赖专业机构的第三方检测、认证结论。目前针对商用密码的社会化第三方评价市场和机构尚欠发达，为此《网络安全法》第十七条专条疾呼：“国家推进网络安全社会化服务体系建设，鼓励有关企业、机构开展网络安全认证、检测和风险评估等安全服务。”在更深远的意义上，检测和认证属于对产品、服务的独立评价机制，构成了社会信用体系建设的重要组成部分。

3、一个具体的检测或者认证过程

作为一个完整的认证流程，在认证机构主导下，有检测机构负责对其中的试验部分进行检测和出具检测报告，认证机构则实际负责现场检查的环节。这实际就是市场监管总局和国家密码管理局2020年3月《关于开展商用密码检测认证工作的实施意见》对检测机构和认证机构分工的具体体现，按照该意见，商用密码认证实施是按照以下流程进行的：

（1）商用密码认证机构应当符合有关行政法规、规章规定的基本条件，具备从事商用密码认证活动的专业能力，并经市场监管总局征求国家密码管理局意见后批准取得资质；（2）商用密码认证机构应当委托依法取得商用密码检测相关资质的检测机构开展与认证相关的检测活动，并明确各自权利义务和法律责任；（3）商用密码检测、认证机构应当依照法律、行政法规的规定和商用密码检测认证技术规范、规则开展商用密码检测认证，并建立可追溯工作机制，对检测认证全过程完整记录并归档留存；（4）商用密码认证机构应当公开认证收费标准、认证证书有效、暂停、注销或者撤销的状态等信息，接受社会的监督和查询；（5）商用密码认证机构应当按照有关规定报送商用密码认证实施情况及认证证书信息；（6）商用密码检测、认证机构应当对其在商用密码检测认证中所知悉的国家秘密和商业秘密承担保密义务。

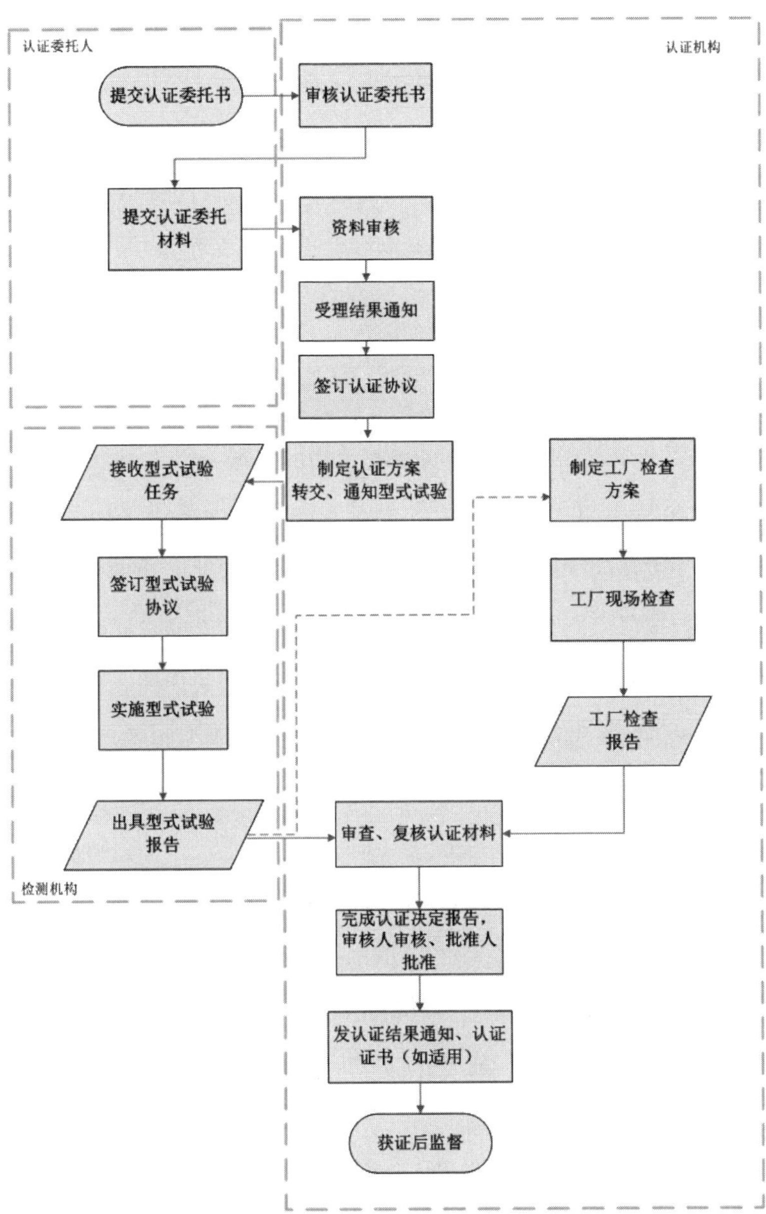

（注：商用密码的认证流程图）

4、如何“安全”地发现不安全的漏洞风险

如果发现了密码技术、产品或服务的某些不安全因素，建议谨慎考虑相应的发现、验证和披露的合法性问题。

这个危险领域中广为人知的案例是，2016年4月，挖掘网络安全漏洞的某“白帽”因发现和向漏洞平台提交了某网站的安全漏洞，涉嫌构成非法侵入计算机信息系统罪而被批捕[①]，后该漏洞平台也被关停。

按照《最高人民法院、最高人民检察院关于办理危害计算机信息系统安全刑事案件应用法律若干问题的解释》，“获取金融服务以外的身份认证信息五百组以上的”可能构成《刑法》第二百八十五条的“非法侵入计算机信息系统”罪名。如果公众不熟悉漏洞扫描或检测工具，这些自动化工具有可能会通过披露下载等方式获取系统数据，从而轻易地突破上述五百组的涉刑边界，因此国内外对包括密码安全漏洞在内的测试、检验都非常慎重。2018年9月，在新加坡参加网络安全会议的一位工程师入侵了其所住酒店的WiFi，这引起新加坡网络安全局（CSA）的注意，该工程师遭到抓捕，并面临三年监禁与最高1万新加坡币的罚款。[②]2015年4月，美国安全专家克里斯·罗伯特（Chris Roberts）在乘坐美国航空公司的航班时，声称飞机的安全系统存在安全漏洞，并通过随身携带的笔记本电脑连接和演示漏洞，随即被FBI“请出了”航班。

---

① “白帽子提交世纪佳缘漏洞后已被抓3个月　拷问网络安全边界”，https：//tech.sina.com.cn/zl/post/detail/i/2016-07-06/pid_8507899.htm.

② “腾讯员工好奇检查酒店WiFi漏洞　被新加坡安全局逮捕”，https：//tech.sina.com.cn/i/2018-09-25/doc-ifxeuwwr7938577.shtml.

对《密码法》第十二条规定的“他人加密保护的信息”“他人的密码保障系统”实施侵入、获取的行为，也属于非法侵入计算机信息系统的范围。

那么如何实施合法的安全漏洞挖掘和披露，依据《网络安全法》第二十六条规定，开展网络安全认证、检测、风险评估等活动，向社会发布系统漏洞、计算机病毒、网络攻击、网络侵入等网络安全信息，应当遵守国家有关规定。因此只要找到这里的“国家有关规定”，就可以得出如何合法地研究密码安全的方法。然而，除了《刑法》第二百八十五条的禁止性规定，目前工信部的《网络安全漏洞管理规定》和网信办的《网络安全威胁信息发布管理办法》截止于本书结稿仍处于征求意见稿的状态。因此在此情况下，进行密码漏洞安全研究应通过特定项目协议的方式明确各方权利义务，以规避严重的法律风险。如果在密码使用中已经发现漏洞等脆弱性问题，但没有也无法通过协议的方式规避风险，此时应积极向主管或监管机构，或向官方漏洞平台进行报告，严格按照其发布的要求进行提交，这样也可以有效防范法律风险。

在网络安全漏洞领域，密码相关漏洞由于其复杂性属于“稀缺资源”，按照美国哥伦比亚大学估计，美国政府在任何特定时间都保留了大约50~250个零日漏洞。由于美国国家安全局（NSA）非常重视密码等体现数学能力的领域，这种对数学的执着可能导致其中包括了（与公共领域的漏洞抽样相比）更多的密码漏洞。本来网络安全漏洞属于软硬件设计和实现过程中，限于技术和认知能力无法发现或修复的“缺陷”，而在被特定保留后，这些本应进行修复的产品缺陷居然成为了一种“资源”！更是一种安全隐患。比如我们前文所述的勒索软件“Wannacry”传播泛滥，正是由于“黑客”组织“影子经纪人”（Shadow Brokers）泄露了NSA囤积的Windows系统的安全漏洞“Eternal Blue”（永恒之蓝）而最终导致的。

四、强制检测认证

1、什么是商用密码产品

对于《密码法》第二十五条、第二十六条的理解，实际上首要的是解决什么是商用密码产品、商用密码服务的问题。国家密码管理局给出了什么是商用密码产品的标准答案：商用密码产品，是指采用商用密码技术进行加密保护、安全认证的产品。商用密码产品可分为软件、芯片、模块、板卡、整机、系统六类。典型的商用密码产品包括：密码机，如链路密码机、网络密码机、服务器密码机、传真密码机、电话密码机等；密码芯片和模块，如第二代居民身份证、智能电卡、社会保障卡、金融芯片卡中使用的密码芯片、可信计算密码模块等。[①]从应用领域区分，密码机等硬件产品主要包括通用型的服务器密码机、用于认证的签名验证服务器密码机和金融行业的金融数据密码机。

① “密码政策问答（七十六）”，http：//www.oscca.gov.cn/sca/xxgk/2020-03/22/content_1060683.shtml.

2020年5月，市场监管总局和国家密码管理局发布《商用密码产品认证目录（第一批）》，该目录实际上就是对商用密码产品的基本分类，以及对这些产品进行自愿申请、实施认证的标准依据（第三列为增加内容，列举了商用密码产品的实际产品形态）。按照目录，鼓励通过认证的商用密码分为22种，其中有些类型的商用密码产品已在实践中被广泛使用。

序号	产品种类	产品形态（举例）	功能描述	认证依据
1	智能密码钥匙	网上银行、电子税务的USB接口的优盘形式	实现密码运算、密钥管理功能的终端密码设备，一般使用USB 接口形态	
2	智能 IC 卡	芯片（非磁条）银行卡	实现密码运算和密钥管理功能的含CPU（中央处理器）的集成电路卡，包括应用于金融等行业领域的智能IC 卡	
3	POS 密码应用系统、ATM 密码应用系统、多功能密码应用互联网终端	具有密码功能的POS机、ATM	为金融终端设备提供密码服务的密码应用系统	
4	PCI-E/PCI 密码卡	以PCI等标准接口方式插接入各类服务器设备的板卡型硬件	具有密码运算功能和自身安全保护功能的PCI 硬件板卡设备	
5	IPSec VPN 产品 /安全网关		基于IPSec协议，在通信网络中构建安全通道的设备	

6	SSL VPN 产品/安全网关		基于SSL/TLS 协议，在通信网络中构建安全通道的设备	
7	安全认证网关		采用数字证书为应用系统提供用户管理、身份鉴别、单点登录、传输加密、访问控制和安全审计服务的设备	
8	密码键盘	包括POS 主机等设备的外接加密密码键盘和无人值守（自助）终端的加密PIN 键盘	用于保护PIN 输入安全并对PIN 进行加密的独立式密码模块	
9	金融数据密码机	例如用于银行卡、社保卡、市民卡等各种业务，与金融机构应用服务器关联，为金融交易的联网信息系统提供数据加密与安全保护的硬件	用于确保金融数据安全，并符合金融磁条卡、IC 卡业务特点的，主要实现PIN 加密、PIN 转加密、MAC 产生和校验、数据加解密、签名验证以及密钥管理等密码服务功能的密码设备	
10	服务器密码机	通过签名/验证、加密/解密等功能实现，用于保护重要数据的保密性与完整性的硬件，广泛用于在线审批、网上银行/证券、网上支付等电子政务、电子商务场景；云服务器密码机是其升级形式	能独立或并行为多个应用实体提供密码运算、密钥管理等功能的设备	

11	签名验签服务器	如对敏感数据、审计日志、监控记录等进行完整性保护的硬件	用于服务端的，为应用实体提供基于PKI 体系和数字证书的数字签名、验证签名等运算功能的服务器	
12	时间戳服务器	为应用系统提供精准和可信时间认证服务，例如用于网上交易、招投标与政府采购、知识产权保护等电子政务和电子商务活动，会通过内置国家授时中心标准时间源模块等方式实现权威时间同步	基于公钥密码基础设施应用技术体系框架内的时间戳服务相关设备	
13	安全门禁系统	智能门禁，对进出人员进行身份鉴别	采用密码技术，确定用户身份和用户权限的门禁控制系统	
14	动态令牌、动态令牌认证系统	银行优盾	动态令牌：生成并显示动态口令的载体 动态令牌认证系统：对动态口令进行认证，对动态令牌进行管理的系统	
15	安全电子签章系统	例如各类编辑性办公文档签章（DOC），版式文件签章（PDF，AIP），网页签章等等，实现签章、加解密和打印控制等功能。会有USB接口的密码钥匙和嵌入式的签章软件等组合形式	提供电子印章管理、电子签章/验章等功能的密码应用系统	

16	电子文件密码应用系统		在电子文件创建、修改、授权、阅读、签批、盖章、打印、添加水印、流转、存档和销毁等操作中提供 密码运算、密钥管理等功能的应用系统	
17	可信计算密码支撑平台	简单理解意义上，如微软Windows 10操作系统的 TPM（Trusted Platform Module）可以认为是符合自身安全要求的模块化实现形式	采取密码技术，为可信计算平台自身的完整性、身份可信性和数据安全性提供密码支持，其产品形态主要表现为可信密码模块和可信密码服务模块	
18	证书认证系统、证书认证密钥管理系统		证书认证系统：对数字证书的签发、发布、更新、撤销等数字证书全生命周期进行管理的系统 证书认证密钥管理系统：对生命周期内的加密证书密钥进行全过程管理的系统	
19	对称密钥管理产品		为密码应用系统生产、分发和管理对称密钥的系统及设备	
20	安全芯片	智能手机用于存储用户指纹、面部特征等生物信息的内置芯片模块，如苹果手机的Secure Enclave模块	含密码算法、安全功能，可实现密钥管理机制的集成电路芯片	

21	电子标签芯片	一般指可用于交通运输、物流快递、防伪溯源、票证管理、门禁管理等领域的RFID电子标签	采用密码技术，载有与预期应用相关的电子识别信息，用于射频识别的芯片	
22	其他密码模块		实现密码运算、密钥管理等安全功能的软件、硬件、固件及其组合，包括软件密码模块、硬件密码模块等	

每种产品都有对应的认证依据，当某一产品按照《商用密码产品认证规则》，满足认证的依据规范和技术要求，即可通过认证。通过认证的商用密码产品会有统一的认证标志。

商用密码产品统一认证标志

就像我们使用的电子产品都会有3C认证一样，通过商用密码产品认证意味着（1）产品中的密码算法应为符合 GM/T 0001《祖冲之序列密码算法》、GM/T 0002《SM4 分组密码算法》、GM/T 0003《SM2 椭圆曲线公钥密码算法》、GM/T 0004《SM3 密码杂凑算法》、GM/T 0009《SM2 密码算法使用规范》、GM/T 0010《SM2 密码算法加密签名消息语法规范》、GM/T 0044《SM9 标识密码算法》

等国家密码管理要求的密码算法（一种或多种）；（2）产品的随机数检测遵循了 GM/T 0005《随机性检测规范》、GM/T 0062《密码产品随机数检测要求》；（3）通过了认证机构依据的其他商用密码检测认证标准。

2、什么是商用密码服务

国家密码管理局的标准答案是，商用密码服务，是指基于商用密码专业技术、技能和设施，为他人提供集成、运营、监理等商用密码支持和保障的活动。典型的商用密码服务包括：密码保障系统集成（如数字证书认证系统集成），是指为他人集成建设实现密码功能的系统，保护他人网络与信息系统的安全；密码保障系统运营（如增值税发票防伪税控系统运营），是指为保证他人实现密码功能的系统的正常运行提供安全管理和维护。[①]

商用密码服务的核心特征是“为他人”。早期最为典型的服务形式即是为他人建设、部署和维护商用密码产品提供服务，随着商用密码产品的标准化、软件化，商用密码服务逐渐成为体系化、独立性的网络安全技术服务和安全解决方案，商用密码产品“反而”成为实现商用密码服务的支持。

对于大部分的云计算服务提供商而言，基于强加密的用户数据安全是非常重要的“卖点”。从公众和个人消费者的角度而言，使用商用密码服务也属于公众“加密权”的重要实现形式，公众应通过对云服务提供者的信息了解，获知其使用的密码技术和服务的情

① “密码政策问答（七十九）”，http：//www.oscca.gov.cn/sca/xxgk/2020-03/25/content_1060686.shtml.

况。例如，苹果的iCloud即宣称对用户数据提供了“符合行业标准的安全技术”[①]。

<table>
<tr><th rowspan="2">数据</th><th colspan="2">加密</th><th rowspan="2">备注</th></tr>
<tr><th>在传输中</th><th>在服务器上</th></tr>
<tr><td>备份</td><td>是</td><td>是</td><td rowspan="6">至少 128 位的 AES 加密</td></tr>
<tr><td>Safari 浏览器历史记录和书签</td><td>是</td><td>是</td></tr>
<tr><td>日历</td><td>是</td><td>是</td></tr>
<tr><td>通讯录</td><td>是</td><td>是</td></tr>
<tr><td>查找（设备和联系人）</td><td>是</td><td>是</td></tr>
<tr><td>iCloud 云盘</td><td>是</td><td>是</td></tr>
<tr><td>iCloud 云端“信息”</td><td>是</td><td>是</td><td rowspan="6">至少 128 位的 AES 加密</td></tr>
<tr><td>备忘录</td><td>是</td><td>是</td></tr>
<tr><td>照片</td><td>是</td><td>是</td></tr>
<tr><td>提醒事项</td><td>是</td><td>是</td></tr>
<tr><td>Siri 快捷指令</td><td>是</td><td>是</td></tr>
<tr><td>语音备忘录</td><td>是</td><td>是</td></tr>
<tr><td>“钱包”凭证</td><td>是</td><td>是</td><td></td></tr>
<tr><td>iCloud.com</td><td>是</td><td>—</td><td>iCloud.com 上的所有会话都通过 TLS 1.2 进行加密。通过 iCloud.com 访问的所有数据都会在服务器上进行加密。</td></tr>
<tr><td>邮件</td><td>是</td><td>否</td><td>设备与 iCloud 邮件之间的所有通信都通过 TLS 1.2 进行加密。与标准行业惯例一致，iCloud 不会加密 IMAP 邮件服务器上储存的数据。所有 Apple 电子邮件客户端均支持可选的 S/MIME 加密。</td></tr>
</table>

值得注意的是，即使是标称符合行业标准的安全技术的云计算

① “iCloud安全性概览”，https：//support.apple.com/zh-cn/HT202303.

服务提供商，其对密码技术的使用也因数据而异，因国别而异。还是以上述iCloud为例，（1）尚不支持商用密码国家标准和行业标准（SM系列）；（2）在美国执法机构的强势坚持下，提供商并不支持（放弃）对所有数据的端到端加密，苹果端对端加密局限于交易数据、家庭数据、健康数据、浏览和搜索记录、Siri、WiFi密码等有限的数据类型；（3）密码技术的使用不排斥执法或司法机构对协助的要求，如执法机构或司法机构要求提供解密数据（明文）的，云计算服务提供者对符合法律规定的要求应履行协助义务。

3、网络关键设备和网络安全专用产品目录与《网络安全法》对检测认证的规定

《网络安全法》建立了对网络安全产品的强制性检测认证制度，其第二十三条规定，网络关键设备和网络安全专用产品应当按照相关国家标准的强制性要求，由具备资格的机构安全认证合格或者安全检测符合要求后，方可销售或者提供。国家网信部门会同国务院有关部门制定、公布网络关键设备和网络安全专用产品目录，并推动安全认证和安全检测结果互认，避免重复认证、检测。

2017年6月，国家互联网信息办公室、工业和信息化部、公安部和国家认证认可监督管理委员会联合发布了《网络关键设备和网络安全专用产品目录（第一批）》，《网络安全法》第二十三条规定的设备和产品应当按照相关国家标准的强制性要求，由具备资格的机构安全认证合格或者安全检测符合要求后，方可销售或者提供。同样，具体应按照《网络关键设备和网络安全专用产品安全认证实施规则》等认证规则进行。

通过网络关键设备和网络安全
专用产品安全认证的标志

	设备或产品类别	范围
网络关键设备	1、路由器	整系统吞吐量（双向）≥12Tbps 整系统路由表容量≥55万条
	2、交换机	整系统吞吐量（双向）≥30Tbps 整系统包转发率≥10Gpps
	3、服务器（机架式）	CPU数量≥8个 单CPU内核数≥14个 内存容量≥256GB
	4、可编程逻辑控制器（PLC设备）	控制器指令执行时间≤0.08微秒
网络安全专用产品	5、数据备份一体机	备份容量≥20T 备份速度≥60MB/s 备份时间间隔≤1小时
	6、防火墙（硬件）	整机吞吐量≥80Gbps 最大并发连接数≥300万 每秒新建连接数≥25万
	7、WEB应用防火墙（WAF）	整机应用吞吐量≥6Gbps 最大HTTP并发连接数≥200万
	8、入侵检测系统（IDS）	满检速率≥15Gbps 最大并发连接数≥500万
	9、入侵防御系统（IPS）	满检速率≥20Gbps 最大并发连接数≥500万
	10、安全隔离与信息交换产品（网闸）	吞吐量≥1Gbps 系统延时≤5ms

网络安全专用产品	11、反垃圾邮件产品	连接处理速率（连接/秒）>100 平均延迟时间<100ms
	12、网络综合审计系统	抓包速度≥5Gbps 记录事件能力≥5万条/秒
	13、网络脆弱性扫描产品	最大并行扫描IP数量≥60个
	14、安全数据库系统	TPC-E tpsE（每秒可交易数量）≥4500个
	15、网站恢复产品（硬件）	恢复时间≤2ms 站点的最长路径≥10级

读者可能已经发现，上述目录中并没有“直接”的商用密码产品（实际中可能包括密码模块或功能，并应取得“产品密码检测合格证书”），或者说没有对使用的商用密码产品做出具体功能描述，比如产品加解密速率、签名/验证速率、密钥长度/生成速率等主要性能指标。因此《网络安全法》与《密码法》对强制检测认证的整合还有待对未来批次目录的观察。需要特别重申的是，《密码法》对商用密码产品和服务的检测认证以自愿申请为原则，以强制实施为例外，除非“涉及国家安全、国计民生、社会公共利益”，商用密码产品和服务不需进行强制性的检测认证。

五、商用密码应用安全性评估

1、关键信息基础设施

《密码法》第二十七条规定，法律、行政法规和国家有关规定要求使用商用密码进行保护的关键信息基础设施，其运营者应当使用商用密码进行保护，自行或者委托商用密码检测机构开展商用密码应用安全性评估。所以首先还是要识别什么是关键信息基础设施。

《网络安全法》用列举方式定义了关键信息基础设施，它是指“公共通信和信息服务、能源、交通、水利、金融、公共服务、电子政务等重要行业和领域，以及其他一旦遭到破坏、丧失功能或者数据泄露，可能严重危害国家安全、国计民生、公共利益的”设施。关键信息基础设施安全保护条例的制定进一步明确了如何保护关键信息基础设施。2020年9月，公安部《贯彻落实网络安全等级保护制度和关键信息基础设施安全保护制度的指导意见》规定，“应将符合认定条件的基础网络、大型专网、核心业务系统、云平台、大数据平台、物联网、工业控制系统、智能制造系统、新型互联网、新兴通讯设施等重点保护对象纳入关键信息基础设施”，这体现了关键信息基础设施的认定趋势。从形式上看，关键信息基础设施是“设施”，容易给人以硬件设施的印象，但实际上关键信息基础设施不仅包括设施，也包括运行于设施之上的系统、网络，以及系统与网络上所承载的数据和信息。

关键信息基础设施的典型实例包括早期的以中国电信公用计算机互联网、联通169和中国移动CMNET、教育和科研计算机网等作为互联网络“主干”的基础架构，国家电网的国家电力调度通信系统，上海和深圳证券交易所的交易系统，铁路、民航的指挥调度系统，2017年建成的国家传染病疫情和突发公共卫生事件网络直报系统，中国政府网等国家机关级别的电子政务系统等。

这里容易混淆的概念是“关键信息基础设施”和“关键基础设施”。简单地讲，后者可以被认为是前者的“基础”定义，最早于1996年美国克林顿政府第13010号行政令中被提出，主要包括电信、电力系统、天然气及石油的存储和运输、银行和金融、交通运输、供水系统、紧急服务（包括医疗、警务、消防、救援）、政府连续性8类。2003年第7号总统令细化了17类国家重要基础设施和关键资源，主要包括农业和食品、能源、公众健康和保健、电信、邮政和运输业、交通系统、化学、商业设施、政府设施、紧急事务处理部门、水坝、核反应堆、原料和垃圾、国防工业基地、国家纪念性和标志性建筑，2008年，美国国土安全部宣布“关键制造业”为第18类需要保护的国家基础设施和关键资源。2013年第21号总统令重新确定了16类关键基础设施部门：化学、商业设施、通讯、关键制造、水利、国防工业基地、应急服务、能源、金融服务、食品和农业、政府设施、医疗保健和公共卫生、信息技术、核反应堆、材料和废弃物、运输系统、水及污水处理系统。有关“关键基础设施”的一个敏感而关键的事例是，2014年，当美国犹他州官员试图发布国家安全局（NSA）位于犹他州布拉夫戴尔（Bluffdale）的数据中心耗水量时，遭到NSA的强势“阻击”。按照NSA政策和记录部门负责人之一的说法，通过计算耗水量，可以确定犹他州数据中心的计算能力等。最终“政府公开信息”披露的数据中心的耗水量只是一个“缩水”数据。通过能耗推算数据并非没有先例，美国斯坦福大学历史学教授伊恩·莫里斯曾以能耗作为主要测量指标比较了东西方文明——将能耗作为文明的度量。不过其中微妙之处在于莫里斯定义的东西方文明是相互阶段性交替取得的优势。

“关键信息基础设施”和“关键基础设施”的区别主要在于“信息”，例如，胡佛大坝和三峡大坝本身都可被视为“关键基础设施”，但只有其中支撑大坝运行与维护的信息系统和网络才属于“关键信息基础设施”。事实上，正是设施的信息化和网络化驱动着“关键基础设施”持续向“关键信息基础设施”转变。

如果仅考虑关键领域、行业，在《网络安全法》和关键信息基础设施安全保护条例中，我国关键信息基础设施的范围是8大类16个行业和领域：电信、互联网、广播电视、银行、证券、保险、电力、石油、石化、天然气、民航、铁路、水利、医疗卫生、国防科技工业、国家机关。

2、商用密码应用安全性评估

商用密码应用安全性评估（业内一般简称为“密评”，聚焦在测评上，但在信息安全或网络安全领域，测评、评测与评估之间的区别明显）按照我们上述的讨论，实际上属于商用密码检测，但与一般的商用密码产品检测有重要区别。2007年《信息安全等级保护管理办法》施行之后，国家密码管理局印发的《信息安全等级保护商用密码管理办法实施意见》规定，“第三级及以上信息系统的商用密码应用系统，应当通过国家密码管理部门指定测评机构的密码测评后方可投入运行”。这些制度明确了信息安全等级保护第三级及以上信息系统的商用密码应用和测评要求，可以认为是商用密码应用安全性评估制度雏形。在《网络安全法》和《密码法》施行后，作为密评制度依据的《商用密码应用安全性评估管理办法（试行）》（因其发布早于《密码法》，似不能称之为《密码法》配套制度）明确规定，涉及国家安全和社会公共利益的重要领域网络和信息系统的建设、使用、管理单位应当健全密码保障体系，实施商用密码应用安全性评估。此外网络安全等级保护条例也确认通过专章规定了涉密网络的安全保护和密码保护的专门内容。这些规定与《密码法》一并成为了企业实施商用密码应用安全性评估的依据。

（1）密评的适用对象和评估范围

密评对象主要为“使用商用密码进行保护的关键信息基础设施”的运营者，这些主体也构成了实践中的合规主体。具体评估范围为“采用商用密码技术、产品和服务集成建设的网络和信息系统”。实践中，随着商用密码在关键信息基础设施领域的普遍使用、国产密码技术、产品和服务的推动和商用密码进口制度的规范完善，通过商用密码保护关键信息基础设施的保密性、完整性和可用性已经成为当然选择，从某种程度上也导致了密评适用对象的“扩大化”。

按照和参考《商用密码应用安全性评估管理办法（试行）》

《金融和重要领域密码应用与创新发展工作规划（2018–2022年）》等规定，下列单位可能认定为密评对象，其采用了商用密码的网络和系统需要进行密码测评：（1）基础信息网络：电信网、广播电视网、互联网；（2）重要信息系统：能源、教育、公安、测绘地理信息、社保、交通、卫生计生、金融等涉及国计民生和基础信息资源的重要信息系统；（3）重要工业控制系统：核设施、航空航天、先进制造、石油石化、油气管网、电力系统、交通运输、水利枢纽、城市设施等重要工业控制系统；（4）面向社会服务的政务信息系统：党政机关和使用财政性资金的事业单位和团体组织使用的面向社会服务的信息系统。

（2）商用密码检测机构资质

从字面理解，尽管《密码法》第二十七条的商用密码检测机构与第二十五条、第二十六条的商用密码检测机构应当为同一概念。但并非所有基于第二十六条的商用密码检测机构都可以通过和取得“商用密码应用安全性评估”资质。从公开信息可知，截至2019年6月，国内取得密评资质的商用密码检测机构有商用密码检测中心、中国科学院数据与通信保护研究教育中心、公安部第三研究所等，大概合计为27家（“密评机构”）。随后在2020年7月，国家密码管理局通过第40号公告的形式发布了按照行政区划共计24家的《商用密码应用安全性评估试点机构目录》。读者通过上下文应可知，密评的检测（实务中也称之为测评）与商用密码产品的检测所关注的方面有大不同。

参考国家密码管理局《信息安全等级保护商用密码测评机构审批服务指南》，申请信息安全等级保护商用密码测评机构的条件包括：申请人应当具备以下条件（目前仍为暂时有效）：（1）独立法人资格的企事业单位；（2）产权关系明晰，资产总值不低于1000万元；（3）具备信息安全系统测评相关经验，具有密码相关工作经验的专业技术人员，人数不少于30人；（4）具备必要的系统测评环境、设备和设施；（5）具有完备的系统测评质量管理、安全保密管理和人员管理等规章制度；（6）申请单位的法人性质、产权构成以及组织结构能够保证其公正、独立地实施系统测评活动，不从事密码产品生产、销售等业务；（7）国家密码管理局要求的其他条件。但随着密评与《网络安全法》规定的关键信息基础设施安全评估、网络安全等级测评制度的相互"兼容"，该指南也将会按照网络安全等级保护和密评测评服务的要求进行更新。

（3）密评的制度与实施依据

序号	依据文件	效力级别	时效性
1	商用密码应用安全性评估管理办法（试行）	部门规范性文件	有效
2	商用密码应用安全性测评机构管理办法（试行）	部门规范性文件	有效
3	信息安全等级保护商用密码管理办法	部门规范性文件	有效
4	信息安全等级保护商用密码管理办法实施意见	部门规范性文件	有效
5	信息安全等级保护商用密码技术实施要求	标准	有效
6	信息安全等级保护商用密码技术要求使用指南	指南	有效
7	信息系统密码应用基本要求（GM/T 0054-2018）（已更新为国标GB/T 39786-2021）	标准	有效
8	信息系统密码测评要求（试行）	标准	有效
9	商用密码应用安全性测评机构能力要求	标准	有效
10	商用密码应用安全性测评机构能力评审实施细则（试行）	标准	有效

11	商用密码应用安全性评估测评过程指南（试行）	指南	有效
12	商用密码应用安全性评估测评作业指导书（试行）	指南	有效
13	商用密码应用安全性评估测评工具使用需求说明（试行）	指南	有效
14	网络安全等级保护基本要求（0054）	标准	有效
15	密码模块安全要求	标准	有效

（4）密评过程与类型

（a）制定密评方案

网络和信息系统规划阶段，责任单位应当依据商用密码应用安全性有关标准，制定商用密码应用建设方案或改造方案，组织专家或委托测评机构进行评估（“规划评估”）。评估结果作为项目规划立项的重要依据和申报使用财政性资金项目的必备材料；

（b）委托评估机构进行启动评估

规划评估后，网络和信息息系统建设完成后，责任单位也应当委托测评机构进行商用密码应用安全性评估，评估结果作为项目建设验收的必备材料（“建设评估”）；

网络和信息系统投入运行后，责任单位应当委托测评机构定期开展商用密码应用安全性评估（每年至少评估一次）（“运行评估”）；

网络和信息系统就发生密码相关重大安全事件、重大调整或特殊紧急情况，责任单位应当及时组织测评机构开展商用密码应用安全性评估（“应急评估”）。

（c）备案

测评机构备案。测评机构完成商用密码应用安全性评估工作后，应在30个工作日内将评估结果报国家密码管理局备案。

关键信息基础设施运营者备案。责任单位完成规划、建设、运行和应急评估后，应在30个工作日内将评估结果报主管部门及所在地区（部门）密码管理部门和属地公安部门备案。

读者从上述讨论可知，实际上密评可能在规划、建设、运行、应急等不同情形下触发和启动，一旦实施，则意味着企业需要完成一次“不厌其烦”的评估过程，包括：（1）委托检测机构，确定评估依据；（2）相应评估准备。包括拟密评网络和系统的信息收集与分析，文档和自动化工具；（3）编制评估方案。包括确定评估对象和评估指标，明确评估内容，形成评估方案；（4）实施现场评估。具体实施网络和系统的评估，完成评估过程并得出评估数据；（5）形成评估报告。判定评估与指标，分析和评价并形成评估结论，完成和备案评估报告。

了解《网络安全法》规定的读者可能发现本条（《密码法》第二十七条）的规定与《网络安全法》第三十八条的运营者年度“网络安全风险评估”规定非常类似：“关键信息基础设施的运营者应当自行或者委托网络安全服务机构对其网络的安全性和可能存在的风险每年至少进行一次检测评估，并将检测评估情况和改进措施报送相关负责关键信息基础设施安全保护工作的部门”，如此一来，如果分别按照《密码法》《网络安全法》、网络安全等级保护条例等进行评估，评估将成为运营者不能承受之重。显然《密码法》意识到了这个问题，要求将“密评”与“网络安全风险评估”进行衔接，并在修订的《商用密码管理条例》中规定“所列网络与信息系统通过商用密码应用安全性评估方可投入运行，运行后每年至少进行一次评估”。由此未来在运营者形成并报送年度网络安全风险评估报告时，密评将可能成为其中的一部分。

（5）密评简要实例

简单而言，密评的过程就是适用《信息系统密码应用基本要求》和《信息系统密码测评要求（试行）》的过程。在关键信息基础设施的设计与部署阶段，运营者应按照《信息系统密码应用基本要求》，逐条对总体要求、物理和环境安全、网络和通信安全、设备和计算安全、应用和数据安全、密钥管理和安全管理七个方面进行实现。在对关键信息基础设施的测评阶段，则是按照《信息系统密码测评要求（试行）》的每个测评单元，逐步进行测评准备、方案编制、现场测评、报告编制和报送备案的全过程。

以金融IC卡（形式上就是公众使用的各类芯片银行卡）的发卡系统和交易系统的密评为例，对其进行密评的目的在于实现用户的身份鉴别、金融数据的保密性（卡上有多少钱）和完整性（钱没有多也没有少）等方面。通常在对整个系统中的软硬件设备、重要数据和密码应用的架构识别之后进行设计和测评。系统中涉及的密码产品主要包括如下：

编号	密码产品	密码算法	功能
1	金融数据密码机（后端）	SM2、SM3、SM4	密钥管理和密码计算
2	POS机	SM2、SM3、SM4	身份鉴别和保护交易信息

3	ATM密码键盘及ATM密码应用系统（前端）	SM2、SM3、SM4	保护交易信息
4	金融IC卡	SM2、SM3、SM4	存储密钥、数字证书等持卡人信息
5	智能密码钥匙（这里非电子税务场景下的优盘）	SM2、SM3、SM4	管理员鉴别和登录服务器，对设备和应用的访问控制信息、日志、应用程序的完整性保护

在对整体的发卡系统和交易系统的工作流程了解基础上，运营者（责任单位）按照《信息系统密码应用基本要求》对总体要求、物理和环境安全、网络和通信安全、设备和计算安全、应用和数据安全、密钥管理和安全管理七个方面进行符合性检查。

有读者可能会发现，一些早期的ATM系统可能运行在Windows，甚至是Windows XP之上。操作系统的安全性将影响到密码的安全功能。微软在2009年4月终止了对Windows XP的技术支持服务，使得该系统"彻底"暴露于网络安全风险之中。即使该终止服务发生《网络安全法》施行之后，也难以适用该法第二十二条"网络产品、服务的提供者应当为其产品、服务持续提供安全维护；在规定或者当事人约定的期限内，不得终止提供安全维护"主张继续维护。因为该条并未对安全维护期限进行强制的法律"规定"，因此只能适用"当事人约定"，从而赋予了微软等网络产品、服务提供者单方终止的合同权利。

随即，在触发建设、运行和应急评估的各种测评中，测评机构按照《信息系统密码测评要求（试行）》，对照《信息系统密码应用基本要求》对总体要求、物理和环境安全、网络和通信安全、设备和计算安全、应用和数据安全、密钥管理和安全管理七个方面具体内容，利用各类通信协议分析工具、基准检测工具和商用密码算法检测工具对运营者的具体测评对象，包括服务器、密码产品、设施设备、人员、文档等进行合规检测。①

所以密评也视为是对商用密码整体适用情况进行评价的“集大成者”。对密码的研发、生产、检测认证等情况进行了系统化的审视，由于已经具体在密码生命周期的使用环节，因此也是《密码法》上商用密码监管最为重要的制度之一。如果在商用密码使用的密评中发生合规风险，除了适用《密码法》第三十七条规定承担法律责任外，还意味着其他运营风险。例如2020年1月发布的《国家政务信息化项目建设管理办法》规定，对于不符合密码应用和网络安全要求，或者存在重大安全隐患的政务信息系统，不安排运行维护经费，项目建设单位不得新建、改建、扩建政务信息系统。

3、什么是“国产商用密码”？关键信息基础设施需要使用“国产商用密码”吗

《密码法》中没有“国产商用密码”的明确规定，也无强制使用“国产商用密码”一说，而且这种说法也违背了第二十一条的非歧视原则。事实上，将SM系列算法称为国产商用密码也不符合SM系列标准的国际化努力。《网络安全等级保护条例》的规定是“第三级以上网络应当采用密码保护，并使用国家密码管理部门认可的密码技术、产品和服务”；《信息安全技术 网络安全等级保护基本要

---

① 《商用密码应用与安全性评估》第5章给出了若干密评的案例，有兴趣的读者可以研读。

求》进一步明确“应使用国家密码管理主管部门认证核准的密码技术和产品”；修订后的《商用密码管理条例》的表述为对相关网络与信息系统“应当使用经检测认证合格的商用密码产品、服务，使用列入商用密码技术指导目录的商用密码技术”。经国家密码管理局认证核准的密码并非就是国产商用密码，国家密码管理局并未作出强制使用“国产商用密码”的表示，因此在进行商用密码应用安全性评估时，只要通过自行或者委托商用密码检测机构开展的评估（按前文所述，这里的评估实际上是检测），其密码应用就是安全和符合《密码法》的“规定动作”，国家密码管理局并无“附加动作”要求。

但是，为什么国内商用密码应用的行业领域均提出使用或支持国产商用密码的产品、服务呢？这部分是因为我国商用密码的标准与国外标准不同。例如，GB/T 36968-2018《信息安全技术 IPSec VPN技术规范》的协议标准即与国外IPSec/SSL VPN在密码算法、数字证书等方面的要求不同，这就意味着需要对非国家标准的密码算法、数字证书等进行符合国家标准的适当调整。然而，实际操作中，当境内银行机构要求提供商用密码产品的外资企业提供国家密码管理局的国家商用密码管理办公室认可的认证证书时，该外资企业需要将其产品提交境内检测认证机构进行软硬件级别的安全测试，而这一测试过程可能意味着外资企业需要向检测认证机构提供源码，如果不能接受提供源码的检测，则意味着外资企业无法取得认证，并最终无法向境内银行提供商用密码产品。

对这一问题的解决，可能部分有赖于《密码法》第三十一条的保密规定对源码披露的限制，另一部分的答案则在于“国产商用密码”的国际化和标准化推动。

六、国家安全审查

1、什么是国家安全审查

近些年来，国家安全审查成为一个热门词汇，那么《网络安全法》等法律法规是如何规定的，又要如何进行审查呢？对国家安全审查进行正式和严肃的规定的，是2015年的《国家安全法》第五十九条规定，国家建立国家安全审查和监管的制度和机制，对影响或者可能影响国家安全的外商投资、特定物项和关键技术、网络信息技术产品和服务、涉及国家安全事项的建设项目，以及其他重大事项和活动，进行国家安全审查，有效预防和化解国家安全风险。

按照这条规定，国家安全审查包括四种类型：外商投资审查、（非网络信息的其他）物项技术审查、网络（安全）审查和建设项目审查。

与《国家安全法》网络（安全）审查相衔接，《网络安全法》第三十五条规定，关键信息基础设施的运营者采购网络产品和服务，可能影响国家安全的，应当通过国家网信部门会同国务院有关部门组织的国家安全审查。2020年4月27日，在历时两年多的试行基础上，《网络安全审查办法》正式发布，成为规范网络安全审查的主要法律规定。

考虑到国家安全审查的重要性，《网络安全审查办法》规定了多层架构，审查主体及其基本职责和具体分工包括：（1）中国网络安全审查技术与认证中心，承担接收申报材料、对申报材料进行形式审查、具体组织审查工作等任务；（2）网络安全审查办公室，负责制定网络安全审查相关制度规范，组织网络安全审查；（3）网络安全审查工作机制成员单位、相关关键信息基础设施保护工作部门，负责在一般审查程序和特别审查程序中对网络安全审查办公室的初步审查结论建议提出建议，并向网络安全审查办公室出具回复意见；（4）中央网络安全和信息化委员会，对特别审查程序的审查结论建议进行最终批准。

至于审查的对象，根据《网络安全法》《网络安全审查办法》和中央网络安全和信息化委员会《关于关键信息基础设施安全保护工作有关事项的通知》的精神，在关键信息基础设施具体识别或者认定方法正式发布之前，电信、广播电视、能源、金融、公路水路运输、铁路、民航、邮政、水利、应急管理、卫生健康、社会保障、国防科技工业等行业领域的重要网络和信息系统运营者在采购网络产品和服务时，应当按照要求考虑申报网络安全审查。

2、国家安全审查什么

如何审查的问题，可以从对关键信息基础设施运营者申报材料的（形式）审查与网络安全审查办公室的（实质要素）审查两方面结合看。前者的审查内容包括：（1）关键信息基础设施运营者关于采购网络产品和服务影响或可能影响国家安全的分析报告；（2）采购文件、协议、拟签订的合同等；（3）申报书和网络安全审查工作需要的其他材料。对于后者的审查包括：（1）产品和服务使用后带来的关键信息基础设施被非法控制、遭受干扰或破坏，以及重要数据被窃取、泄露、毁损的风险；（2）产品和服务供应中断对关键信息基础设施业务连续性的危害；（3）产品和服务的安全性、开放性、透明性、来源的多样性，供应渠道的可靠性以及因为政治、外交、贸易等因素导致供应中断的风险；（4）产品和服务提供者遵守中国法律、行政法规、部门规章情况；（5）其他可能危害关键信息基础设施安全和国家安全的因素。

鉴于此审查不仅是对供应商技术能力和持续性的审查，而且包括了非技术的政治、外交、贸易等因素，因此网络安全审查将是一个非常复杂和漫长的过程。

在密码领域是否实施过国家安全审查？按照《密码法》要求，“关键信息基础设施的运营者采购涉及商用密码的网络产品和服务”的审查属于《网络安全法》的网络安全审查，因此也是《网络安全审查办法》的组成部分。在《网络安全审查办法》施行之前，2017年国家密码管理局商用密码检测中心接受委托对密码卡芯片等实施过相应的前期工作，包括对算法的合规性、安全性，随机数生成和密钥管理的漏洞风险等方面。在《网络安全审查办法》施行之后，未来密码的审查将严格按照办法规定的程序进行。

对国家安全审查运用最为娴熟的国家当属美国。美国通过外国投资委员会（CFIUS）等机构和机制对影响美国国家安全的信息、网络技术和产品的采购、交易进行国家安全审查。2010年5月，华为收购美国服务器技术研发公司3Leaf Systems部分资产，遭到CFIUS施压并最终“放弃”收购。这是国家安全审查的早期案例。2019年底，CFIUS开始寻求对字节跳动在2017年收购musical.ly启动国家安全审查则是新近的重要案例。

七、商用密码进出口监管

1、进口许可清单和出口管制清单

《密码法》第二十八条规定，对涉及国家安全、社会公共利益且具有加密保护功能的商用密码实施进口许可，对涉及国家安全、社会公共利益或者中国承担国际义务的商用密码实施出口管制。并由国务院商务主管部门会同国家密码管理部门和海关总署制定和发布“商用密码进口许可清单和出口管制清单”。

（1）关于进口管理目录，在2020年12月《商用密码进口许可清单》发布之前是《密码产品和含有密码技术的设备进口管理目录》。该目录虽然内容略显专业和简洁，但实际上涵盖了非常广泛的密码产品，包括各类主要的加密路由器、密码机和密码卡等。这份2013年的清单列出了9类管理商品，见下表［同时也将按照2020年10月17日通过的《中华人民共和国出口管制法》（以下简称《出口管制法》）等规定进行规范和常态化维护］。

序号	海关商品编号	商品名称	计量单位
1	8443311010	静电感光式多功能一体加密传真机（可与自动数据处理设备或网络连接）	台
2	8443319020	其他多功能一体加密传真机（兼有打印、复印中一种及以上功能的机器）	台
3	8443329010	其他加密传真机（可与自动数据处理设备或网络连接）	台
4	8517110010	无绳加密电话机	台
5	8517180010	其他加密电话机	台
6	8517622910	光通讯加密路由器	台
7	8517623210	非光通讯加密以太网络交换机	台
8	8517623610	非光通讯加密路由器	台
9	8543709950	密码机、密码卡（不包括数字电视智能卡、蓝牙模块和用于知识产权保护的加密狗）	台

这个清单看似简洁其实庞杂，比如其中的“光通讯加密路由器”和“非光通讯加密路由器”可能就包括了所有的加密路由器；而对于硬件加密的密码机和密码卡实现“全覆盖”，仅排除了电视卡、蓝牙和保护版权的加密设备。

按照2020年12月《商用密码进口许可清单》的“全新”要求，进口清单所列物项和技术，应向商务部申请办理两用物项和技术进口许可证，在所列物项和技术中，已经增加了密码性能相关的技术指标：

1	加密电话机	采用密码技术实现数据传输加密保护等功能，含有64位以上密钥长度的对称密码算法、768位以上密钥长度的基于整数因子分解的非对称密码算法或128位以上密钥长度基于椭圆曲线的非对称密码算法的固定电话或移动电话。
2	加密传真机	采用密码技术实现数据传输加密保护等功能，含有64位以上密钥长度的对称密码算法、768位以上密钥长度的基于整数因子分解的非对称密码算法或128位以上密钥长度基于椭圆曲线的非对称密码算法的传真机。
3	密码机（密码卡）	以实现密码运算为主要功能的设备（包括密码卡），且具有以下两种特征： （1）含有64位以上密钥长度的对称密码算法、768位以上密钥长度的基于整数因子分解的非对称密码算法或128位以上密钥长度基于椭圆曲线的非对称密码算法； （2）对称密码算法加解密速率10Gbps以上。
4	加密VPN设备	以IPSec/SSL VPN为主要功能的设备，且具有以下两种特征： （1）含有64位以上密钥长度的对称密码算法、768位以上密钥长度的基于整数因子分解的非对称密码算法或128位以上密钥长度基于椭圆曲线的非对称密码算法； （2）加密通信速率10Gbps以上。

（2）对于出口管制，包括我国在内的国家都会有商务部门通过发布禁止或限制出口目录、管制目录等方式对商用密码等技术的进出口进行管理。2020年8月，根据《中华人民共和国对外贸易法》（以下简称《对外贸易法》）和《中华人民共和国技术进出口管理条例》（以下简称《技术进出口管理条例》）等规定，商务部、科

技部调整了2008年版本的《中国禁止出口限制出口技术目录》并重新发布，在目录的限制出口部分的第（十五）计算机服务业类下新增了“46密码安全技术（编号：186103X），控制要点：1、密码芯片设计和实现技术（高速密码算法、并行加密技术、密码芯片的安全设计技术、片上密码芯片（SOC）设计与实现技术、基于高速算法标准的高速芯片实现技术）2、量子密码技术（量子密码实现方法、量子密码的传输技术、量子密码网络、量子密码工程实现技术）”。据此，对于被列入上述目录的密码技术，将按照包括《密码法》在内的出口管制规定进行管理。除了上述法律法规，《出口管制法》也将成为密码出口管理的重要法律依据。

同样，按照2020年12月《商用密码出口管制清单》规定，出口清单所列物项和技术，应向商务部申请办理两用物项和技术出口许可证：

1	系统、设备和部件	安全芯片	部分或全部实现了密码运算、密钥管理、随机数生成等功能的集成电路芯片，且具有以下特征之一： （1）含有专门用于电力、税务、公安、金融等领域的64位以上密钥长度的对称密码算法、768位以上密钥长度的基于整数因子分解的非对称密码算法或128位以上密钥长度基于椭圆曲线的非对称密码算法； （2）含有64位以上密钥长度的对称密码算法、768位以上密钥长度的基于整数因子分解的非对称密码算法或128位以上密钥长度基于椭圆曲线的非对称密码算法，且对称密码算法加解密速率10Gbps以上或非对称密码算法签名速率50000次/秒以上。

1	系统、设备和部件	密码机（密码卡）	以实现密码运算为主要功能的设备（包括密码卡），且具有以下两种特征： （1）含有64位以上密钥长度的对称密码算法、768位以上密钥长度的基于整数因子分解的非对称密码算法或128位以上密钥长度基于椭圆曲线的非对称密码算法； （2）对称密码算法加解密速率10Gbps以上或非对称密码算法签名速率50000次/秒以上。
		加密VPN设备	以IPSec/SSL VPN为主要功能的设备，且具有以下两种特征： （1）含有64位以上密钥长度的对称密码算法、768位以上密钥长度的基于整数因子分解的非对称密码算法或128位以上密钥长度基于椭圆曲线的非对称密码算法； （2）加密通信速率10Gbps以上。
		密钥管理产品	用于对称密钥或非对称密钥的生成、分发、存储等管理功能的服务端设备，且具有以下两种特征： （1）含有64位以上密钥长度的对称密码算法、768位以上密钥长度的基于整数因子分解的非对称密码算法或128位以上密钥长度基于椭圆曲线的非对称密码算法； （2）支持管理对象数量10000以上。
		专用密码设备	含有专门用于电力、税务、公安、金融等领域的64位以上密钥长度的对称密码算法、768位以上密钥长度的基于整数因子分解的非对称密码算法或128位以上密钥长度基于椭圆曲线的非对称密码算法的设备。
		量子密码设备	以量子力学和密码学为基础，利用量子技术实现密码功能的设备。
		密码分析设备	用于破解、弱化或绕过密码技术、产品或系统的分析设备。

2	测试、检查和生产设备	密码研制生产设备	专门设计用于研制或生产上述“系统、设备和部件”的设备。
		密码测试验证设备	专门设计用于测量、测试、评估、验证上述“系统、设备和部件”的设备。
3	软件		专门设计或改进用于研制、生产或使用上述“系统、设备和部件”和“测试、检查和生产设备”的软件。
4	技术		专门设计或改进用于研制、生产或使用上述“系统、设备和部件”、“测试、检查和生产设备”以及“软件”的技术。

从上述表格可发现，对需要申请办理两用物项和技术进出口许可证（读者已经了解，密码法将密码作为军民两用物项和技术对待，因此此类进出口许可证一般称之为两用物项或技术进出口许可证）的密码，《关于发布商用密码进口许可清单、出口管制清单和相关管理措施的公告》（第63号）细化了算法类型（区分对称、非对称密码）、密钥长度和加/解密速率，为各类进出口主体提供了明确的监管导向。

然而，商务部和海关部在会同国家密码管理局制定和公布“商用密码进口许可清单和出口管制清单”的角色有何不同？一般理解上，海关进出口监管的倾向于是上述表格中的“商用密码产品”“物项”（以及可以物项化的技术），商务部的清单指向的“技术”则包括了“商用密码服务”相关的贸易活动，这体现了一层抽象，未来在《数据安全法》《出口管制法》下，则将会进一步抽象并出现对“数据”活动的进出口监管。与我国区分货物、技术分类监管类似，美国在1979年颁布《出口管理法》（EAA，P.L. 96-72）（已于2001年8月过期）和《国际突发事件经济权力法》（IEEPA，P.L.95-223），基于该法下商务部颁布的《出口管理条例》（EAR，15 CFR 730–774，包括《商业管制清单》（CCL））构成了对包括密码在内两用物项进出口监管的基本法律框架，其中772术语定义将“货物（Commodities）、软件（Software）及技术（Technology）”统称为物项。

我们再看看欧盟对密码出口监管的限制性规定。欧盟对密码出口的管控主要体现在（EC）428/2009号条例《建立控制两用物项出口、转让、经纪和转运的共同体体系》。该条例是欧盟最为主要的密码出口管控基础性立法，2012年之后时有修订。其中在第五类“电信和信息安全”第二部分“信息安全”中明确规定受到出口管控而需要获得许可的信息安全系统、设备和组件包括：（1）设计或改装的使用除认证和数字签名技术以外的加密数字技术实施密钥管理功能，并具有以下功能的系统、设备和组件：与密钥管理功能相关的认证和数字签名功能；与密码保护直接相关的，防止个人身份识别号码（PIN）或此类数据未经授权访问，包括在文件或文本没有加密的情况下进行访问控制的认证；密码不包括“固定”的数据压缩或编码技术；（2）设计或改装的实施密码分析功能的系统、设备和部件；（3）专门设计或改装的以减少超出必要的健康、安全或电磁干扰标准之外的信息承载系统、设备和部件；（4）设计或改装的使用加密技术对“扩频”系统生成扩频码的系统、设备和组件，也包括为“跳频”系统生成跳频码的系统、设备和组件；（5）为使用超宽带调制技术的系统（超过500 MHz的带宽、20%或以上的分数带宽）生成连接码、扰码或网络识别码的系统、设备和组件而设计或改装的加密技术；（6）非加密信息和通信技术（ICT）安全系统和设备的评估水平超过通用标准（CC）的EAL–6（评估保证级别）或同等标准的系统、设备和部件；（7）设计或改装的使用机械、电气或电子手段检测秘密入侵通信电缆系统的系统、设备和部件；（8）设计或改装的使用“量子加密”技术的系统、设备和部件。这些表述虽然绕口而复杂，同时我国《中国禁止出口限制出口技术目录》也有类似之处。

2、有只具有安全认证，但没有加密保护功能的商用密码的实际应用吗

通过对《密码法》第二十八条的字面理解，如果一项商用密码只具有“安全认证”功能，不具有“加密保护”功能，则不需要受到进口许可的限制，即可以“自由”进口。因此如何理解加密保护与安全认证，又回到了对《密码法》第二条定义的理解上！这个问题在技术上存有争议，在法律上的求解实质不在于有没有使用密码的加密功能，而在于加密是用于保护信息的“保密性”，还是仅用于验证用户（包括人，也可能包括机器）身份的“真实性”，其追求的目的在于鉴别某一用户是否是其所宣称的用户（从而具有相应的访问权限），并使得用户无法抵赖鉴别过程和实施行为——“抗抵赖性”——尽管鉴别过程所依赖的凭证（例如用户提交的“密码”、生物特征信息）可能处于加密保护的状态。

一般认为，电子签名是典型的密码安全认证的应用，电子签名的设计和实现就是达到手写签名的正反两方面法律效果：由于签名者的签名规则、风格具有唯一性（当然也不是绝对的，同时笔迹鉴定也会失灵，对于某些模糊或陈旧的笔迹可能无法出具鉴定结论；这一特性体现在电子签名领域即是使用电子签名的用户在注册数字证书时就实现了凭证与身份的“绑定”），无论签名者认为某一签

名是否其签署，都可以通过笔迹进行鉴定，确认签名的效力。

在网络环境中，电子签名是通过注册或申请数字证书的方式实现的，我们在在线购票、网上银行、电子税务等应用场景中都会通过数字证书（载明用户身份）进行电子签名的方式来进行交易。在这些情况下，数字证书由第三方证书机构发放，而在用户自己的电脑、手机上，也可以通过自行创建数字证书的方式生成证书，用于电子签名（也可以用于数据加密）。下图显示了在PDF软件Adobe Acrobat中创建数字证书的相关信息和主要步骤，可以视为网络上通过第三方证书机构申领数字证书的简化版，两者实质类似。

通过菜单选择文件——属性——安全性——安全性方法的证书安全性——加密算法（默认为128位的AES）——下一步——添加数字身份证（按步骤提示继续，其中，名称和电子邮件地址为必填项，密钥算法默认为1024位的RSA。需注意的是，1024位的RSA与MD5一样，属于已经警示存在安全风险的密钥或算法），在按步骤完成后，生成的数字证书可放置在硬盘中的任一位置（查找对应名称的后缀为pfx的文件）。指定的PDF文档便受到数字证书的保护。使用数字证书的保护强度高于“密码”（口令）保护强度。

3、中国承担的国际义务

中国承担的国际义务从法律上看，承担的国际义务可以简单区分为基于协议（多边公约、协定等）的国际义务和基于国家地位而无需特别协议基础的国际义务。比如在反恐领域，前者有像《上海合作组织反极端主义公约》下的规定，后者则包括联合国框架下的

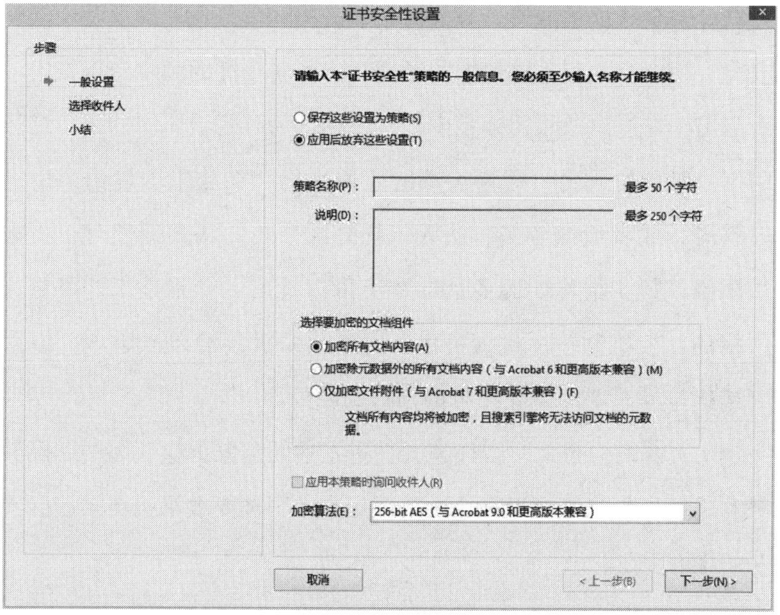

证书安全性设置

步骤

➡ 一般设置
选择收件人
小结

请输入本"证书安全性"策略的一般信息。您必须至少输入名称才能继续。

○保存这些设置为策略(S)
◉应用后放弃这些设置(T)

策略名称(P)：　　最多 50 个字符

说明(D)：　　最多 250 个字符

选择要加密的文档组件

◉加密所有文档内容(A)
○加密除元数据外的所有文档内容（与 Acrobat 6 和更高版本兼容）(M)
○仅加密文件附件（与 Acrobat 7 和更高版本兼容）(F)

文档所有内容均将被加密，且搜索引擎将无法访问文档的元数据。

☐应用本策略时询问收件人(R)

加密算法(E)：256-bit AES（与 Acrobat 9.0 和更高版本兼容）

取消　　< 上一步(B)　　下一步(N) >

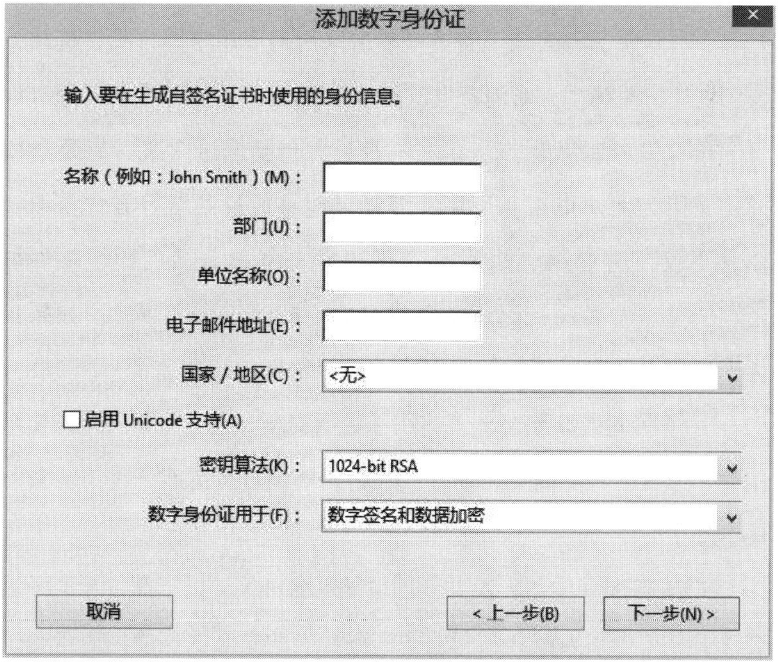

添加数字身份证

输入要在生成自签名证书时使用的身份信息。

名称（例如：John Smith）(M)：

部门(U)：

单位名称(O)：

电子邮件地址(E)：

国家 / 地区(C)：<无>

☐启用 Unicode 支持(A)

密钥算法(K)：1024-bit RSA

数字身份证用于(F)：数字签名和数据加密

取消　　< 上一步(B)　　下一步(N) >

《联合国全球反恐战略》等等。在这些国际义务下，以及基于国家安全、社会公共利益等情形的考虑，中国对可能的商用密码技术、产品等（在进出口法律体系中，也统称之为“物项”）的出口进行管制。对于列入出口管制清单的商用密码，在从中国境内向境外转移时，或者境内公民、法人等向外国公民、法人提供时，将采取限制或禁止措施。因此从措辞上可以看出，管制是比许可更为严格的监管机制——也就是说，对于出口管制清单的物项，以限制或禁止为原则，以经许可的出口为例外。

正所谓能力越大，责任越大，更发达的国家承担更多的国际义务和责任是普遍的共识，这也是近年来中国被要求承担更多国际义务的缘由所在。

4、不实行进口许可和出口管制的密码

《密码法》将大众消费类产品所采用的商用密码排除在进出口监管之外，明确“大众消费类产品所采用的商用密码不实行进口许可和出口管制制度”。从条文本身看，包括两层含义，一是这些商用密码为大众可得和可用，即如果能够通过网络等方式获取，监管不仅没有必要，也不具有可行性，例如著名的PGP邮件加密；二是这些商用密码用于消费目的，即属于个人用途。如果具体列举，大概有以下这些密码属于大众消费类商用密码：

（1）通过互联网络等下载用于数据安全和电子签名的个人使用用途，但可能禁止商业用途，或对密码功能进行更改——“消费”的本意在于自用；

（2）基于《中华人民共和国电子签名法》（以下简称《电子签名法》）《中华人民共和国电子商务法》的安全认证使用商用密码

用于电子签名和交易业务；

（3）基于前述2013年版本的《密码产品和含有密码技术的设备进口管理目录》使用的标准蓝牙技术规范（但可能尚不包括2016年以后的蓝牙版本，例如蓝牙5.0版本，因为升级版本的加解密速率和传输距离都有提升）；

（4）IEEE 802.11、IEEE 802.15.1标准的（Wi-Fi）族系等认可标准的密码技术或产品，也就是我们日常所使用的主流短程（一般传输距离不超过100米）无线网络；

（5）用于知识产权保护的加密技术措施，比如早些年非常流行的各种DRM（数字版权管理）技术，其中以微软的PlayReady应用最为广泛；

（6）大部分“已公开”的开源密码技术和软件，如我们之前提到的OpenSSL，以及即时通讯工具Signal、磁盘加密软件VeraCrypt等等。

无独有偶，美国《出口管理条例》（EAR）的商业管制清单（CCL）控制策略也通过列举的方式规定了什么是大众市场（mass market）的密码产品，大众市场密码产品包括但不限于，通用操作系统和桌面应用程序（如电子邮件）、浏览器、游戏、文字处理软件、数据库、金融应用程序或实用工具）；客户端Internet设备和客户端无线网络设备和软件；家用联网产品和软件（如个人防火墙、调制解调器和消费者机顶盒）； 以及便携或移动式民用电信商品和软件［如个人数据助理（PDA）、收音机或蜂窝电话等产品］。

对于其中的部分密码物项，例如通过网络、电话、邮件、柜台交易等方式可由公众获取的零售软件、无须供应商提供安装支持的软件、不超过64位密钥长度的对称密码、不超过768位的非对称密码（如为椭圆曲线算法的不超过128位）、WiFi、使用或包含源于美国的加密源码、组件或工具包开发的外国产品，无须申请出口许可或在履行注册和分类程序后即可出口。

对于“含有密码技术的设备”，比如内置Windows操作系统的微软平板、苹果iPhone手机是否需要进行进口监管，《密码法》并没有明确说明，但事实上对于这些用于大众消费用途的设备，实务中准用了“大众消费类产品所采用的商用密码不实行进口许可和出口管制制度”规定（微软平板如用于政府用户，则超出了大众消费类的范围）。对于某些国家，其早年也对iPhone手机进行进口许可。

例如，下表显示以色列对于iPhone 6及更早设备，均通过发放许可证的形式施行进口监管，自2016年之后通过自由措施（Free Means，一种宽松许可证）监管。

产品名称	许可日期	制造商
iPhone 6 – A1586	3/16/2015	Apple
iPhone 6 Plus – A1524	3/16/2015	Apple
Apple iPhone 5	11/11/2012	Apple
Apple iPhone 4S	11/3/2011	Apple
Apple iPhone 4 – A1332	8/11/2010	Apple
Apple iPhone 4	7/5/2010	Apple
Apple iPhone 3G – A1241	7/6/2009	Apple
Apple iPhone 3GS – A1303	7/6/2009	Apple
Apple iPhone 3G	9/7/2008	Apple
Apple iPhone	3/6/2008	Apple

八、电子政务电子认证服务

1、使用商用密码技术的电子政府服务

《电子政务电子认证服务管理办法（试行）》规定，电子政务电子认证服务，是指电子认证服务机构采用密码技术，通过数字证书，为各级政务部门开展社会管理、公共服务等政务活动提供的电子认证服务。事实上，我们在电子政务平台上进行的电子税务、社会保险，包括电子营业执照活动都得到了密码技术的默默支持。但是，提供政府信息公开的电子政务服务在公众查询的信息显示之后，则不会再受到密码保护。例如我们在“国家企业信用信息公示系统”查询企业工商信息，在“信用中国”检索企业信用信息，在最高人民法院查询被执行人信息等，这些信息一旦显示，便从受保护的特定存储设备进入公众视野，成为公开信息。

使用商用密码保护的电子政务服务与使用网上银行等电子服务的过程类似。与企业经营直接相关的经典的使用商用密码保护的电子政务服务是电子税务服务。当企业人员通过网络进行办税活动时，通常需要（1）企业指定的人员（通常为法定代表人、财务负责人或指定办税人员）进行实名身份注册；（2）申领（通常为USB接口，也有蓝牙等形式）“优盘”（智能密码钥匙，参见前文中排名第一的商用密码产品。在现实生活中“约定俗成”的误称为CA，但实际上CA是证书认证机构的缩写，这里沿用这一误称）；（3）在电脑终端下载和安装CA驱动；（4）每次使用电子税务服务时接入CA，登录网上的税收系统。

这里的CA就是本条所关注的“电子政务电子认证服务”的“数字证书”的载体。当然对于企业CA优盘和电子政务系统中的数字证书需要进行核验比对一致后方为有效，这实际上也是一个典型的非对称密码的应用实例。一般而言包括三个步骤：（1）申请办理电子税务也意味着接受电子政务电子认证服务，企业在注册和申领CA的同时即得到相应的包括专有电子签名密钥（私钥）和企业信息、公钥等在内的数字证书——CA优盘（在银行的场景中，也称之为“优盾”）；（2）在每次使用电子税务登录系统和交互时，申请者使用其私钥对数字证书、报税信息等进行数字签名，这个步骤在使用时由CA内置的安全智能芯片完成并发送到税收系统，同时也存储在优盘；（3）税收系统（通过证书认证机构）将使用申请者公钥验证该签名，如果一致则通过验证（同时也包括确认数字证书有效，比如是否过期或撤销等，以及对其他输入的登录信息的验证），允许登录和办理具体业务。

当然在实际使用中，用户会碰到各种无法登录或使用的“难用”或“状况”，这些原因多与浏览器版本、优盘的驱动程序等有关，也与各级各类证书认证机构（CA）的互认有关。虽然这些对于当下的网民而言已经不是问题，但也需要电子政务服务的提供者

（电子政务服务往往通过第三方进行技术开发）在强调保密性的同时考虑用户使用的便捷性，实现易用与安全的平衡。

2、我们向政府机构提供的数据安全吗

除了需要我们自身保护输入信息的安全外，《电子认证服务管理办法》《电子政务电子认证服务管理办法（试行）》《电子政务电子认证服务机构认定服务指南》《电子政务电子认证服务业务规则规范》《电子政务电子认证服务质量评估要求》等都对采用商用密码技术从事电子政务电子认证服务的机构提出了严格的管理要求和认定规范，具体包括：（1）电子认证服务系统应当由具有商用密码产品生产和密码服务能力的单位，按照行业标准GM/T 0034-2014《基于SM2密码算法的证书认证系统密码及其相关安全技术规范》等承建；（2）电子认证服务系统的建设和运行应当符合《证书认证系统密码及其相关安全技术规范》；（3）电子认证服务系统所需密钥服务由国家密码管理局和省、自治区、直辖市密码管理机构规划的密钥管理系统提供；（4）在电子认证服务系统建设完成之后，提交电子认证服务系统安全性审查相关技术材料，包括建设工作总结报告、技术工作总结报告、安全性设计报告、安全管理策略和规范报告、用户手册和测试说明；（5）提交电子认证服务系统互联互通测试相关技术材料；（6）基于提交以上必要材料并取得《电子认证服务使用密码许可证》；（7）符合并按照《电子认证服务管理办法》第五条、第六条规定提交必要材料，并取得《电子认证服务许可证》；（8）在此基础上，还应当通过国家密码管理局组织的能力评估，取得证明文件后列入《电子政务电子认证服务机构目录》管理。

从国家密码管理局的《电子政务电子认证服务机构目录》看，至2020年底有45家机构取得了为电子政务提供电子认证服务的资质，基本上包括了各省市自治区、直辖市的数字证书认证中心，以及金融认证、教育部、人力资源和社会保障部等专门行业的电子认证机构。按照商务部发布的《市场准入负面清单（2019 年版）》，电子认证服务许可、电子认证服务使用密码许可、电子政务电子认证服务机构认定，都属于需许可才能进入的市场，未获得许可或资质条件，不得从事电子认证服务相关业务。因此从前置审查角度看，对电子政务电子认证服务机构的要求和规范非常严格。

普遍认为按照非对称密码的设计，密钥长度超过1024位的RSA非对称密码具有相应的安全性（尽管针对“破解”RSA的消息经常推陈出新），但是从密码的具体实现看，设计良好的密码也需要安全协议和机制实现。要确保电子政务的运行安全，不是一经认证便一劳永逸，而是需要通过网络安全等级保护的综合措施，将重要系统、网络电子政务纳入关键信息基础设施保护，以及通过不定期的漏洞测试、演练、评估，从安全事件中总结教训，不断趋近安全。作为参考，美国2014年《网络安全增强法》要求非联邦机构在与联邦机构通讯中遵循NIST标准，包括使用AES加密等方式以保障联邦机构的系统安全，这也可以视为一个通过不断强化密码持续改进电子政务安全的事例。

九、商用密码行业协会

行业协会体现了某一行业的整体发展业态和发达程度。某些行业协会通过规则制定和自律运营，发挥了事半功倍的监管效能，比如对私募基金服务机构进行登记备案管理的中国证券投资基金业协会。比较而言，商用密码行业协会的发展任重道远——这部分也是由于密码的技术性决定的。

目前商用密码领域的主要行业协会组织包括中国密码学会等社会团体法人和非法人组织，在支持密码技术发展和行业服务方面，中国密码学会的作用包括：（1）组织社会力量，开展学术性密码基础理论、应用理论的研究；（2）开展各种形式的国内、国际密码学术交流活动；（3）接受政府委托，参与国家政策法规、技术标准和规范制定；（4）接受委托，开展科技项目评估、科技（学术）成果评价和技术鉴定、咨询论证、科技人才的行业评价及相关资质认证等工作，按照规定经批准开展公益性科技奖励；（5）编辑、出版和发行密码学术刊物、论文集、科技书籍及相关音像制品等；（6）普及密码科技知识，开展密码科普教育活动；（7）根据需要开展专业培训，举办科技展览，推广密码技术，促进密码在各相关领域的应用，推动产学研相结合。

整体上看，密码行业协会略显“高冷”，其展现的活动内容在专业性上没有争议，例如2020年9月，密码学会密评联委会组织编制《政务信息系统密码应用于安全性评估工作指南》（2020版），用于引导非涉密国家政务信息系统建设单位和使用单位规范开展商用密码应用于安全性评估工作，但在面向公众的普适易用上建议不妨尝试如下调整，以供参考，包括：（1）放低部分密码相关信息、资料获取的会员门槛限制；（2）设计和实现具有公众普适性的密码知识普及或密码活动，提高公众的参与度和互动性；（3）实现与国家网络安全宣传周等公众活动的融合，实现面向公众普及密码知识的常态化；（4）提供包括网站、APP、公众号等多种形式的密码普法方式，提高密码知识的公众渗透率。建议将密码知识与技能作为衡量公民科学素养的重要参考指标，真正使得公众对密码不仅知其然也知其所以然。

十、商用密码监管体系

1、随机抽查的商用密码监管实践

2015年5月12日，国务院发布《国务院关于印发2015年推进简政放权放管结合转变政府职能工作方案的通知》（国发〔2015〕29号）提出，研究制订“先照后证”改革后加强事中事后监管的意见，开展加强对市场主体服务和监管的试点工作。抓紧建立统一的综合监管平台，推进综合执法。推进社会信用体系建设，建立信息披露和诚信档案制度、失信联合惩戒机制和黑名单制度。

2015年7月29日，按照国发[2015]29号的部署要求，国务院办公厅发布《关于推广随机抽查规范事中事后监管的通知》（国办发[2015]58号），提出大力推广随机抽查监管，包括制定随机抽查事项清单，建立“双随机”抽查机制，合理确定随机抽查的比例和频次，加强抽查结果运用；加快配套制度机制建设，包括抓紧建立统一的市场监管信息平台，推进随机抽查与社会信用体系相衔接，探索开展联合抽查。

2016年5月4日，国家密码管理局发布《关于开展商用密码随机抽查工作的通知》（国密局字 [2016] 146号），以落实国办发[2015]58号的精神，进一步加强商用密码监督管理，促进商用密码健康发展。通知附有《2016年商用密码随机抽查事项清单》，抽查事项包括：（1）商用密码生产单位的合法合规性；（2）商用密码产品销售单位的合法合规性；（3）商用密码产品的合法合规性。对于每项抽查事项都详细列出了抽查内容和抽查要点。此后，国家密码管理局分别于2017年9月14日发布《关于开展2017年度商用密码随机抽查工作的通知》，于2018年7月10日发布《关于开展2018年商用密码随机抽查工作的通知》，2019年2月，为保障商用密码产品质量、保护消费者合法权益、维护商用密码管理秩序，国家密码管理局组织对到期换证商用密码产品进行抽查，商用密码随机抽查工作已经常态化。

2、商用密码监管制度的过程监管模式

我国商用密码监管制度的过程监管模式的具体内容包括：

（1）市场准入。通过加强密码产品的标准规范和检测认证体系建设，强化统一的商用密码产品许可审批，未经许可不准进入市场销售，严把密码产品市场准入关口。

（2）事中监管。强化市场监管措施，加大“双随机、一公开”抽查力度，准确掌握进口密码产品的最终用户和最终用途。按照国办发[2015]58号，“双随机”就是随机确定检查对象、随机确定检查人员。前提是先要建立市场主体和执法检查人员两个名录库，再通过摇号等方式，从市场主体名录库中随机抽取检查对象，从执法检查人员名录库中随机选派执法检查人员。“一公开”指制定并公开随机抽查事项清单。作为一项基础性制度至少包括三层含义：一是所有检查事项，都要于法于规有据；二是对法律法规规章规定的检查事项，要大力推广随机抽查，不断提高随机抽查在检查工作中的比重；三是抽查依据、抽查主体、抽查内容、抽查方式、抽查过程、抽查结果等，全部向社会公开。

（3）事后监管。建立信用体系，实行“黑名单”制度，加强社会监督，对违法违规行为予以相适应的惩处力度，充分发挥行业组织作用。抽查情况及查处结果要及时向社会公布，接受社会监督。按照违反法律法规情况及时进行处罚。同时，要将随机抽查结果与市场主体的社会信用挂钩，建立健全市场主体诚信档案、失信联合惩戒和黑名单制度，实现与“国家企业信用信息公示系统”“中国人民银行征信中心”“信用中国”“政府采购严重违法失信行为信息”“全国法院失信被执行人名单信息”等现有行业、社会信用机制的“互联互通”，让失信者一处违规、处处受限，形成有效震慑，增强市场主体守法的自觉性。

以国家密码管理局组织开展的2017年度商用密码随机抽查工作为例，国家密码管理局于2017年9月至2018年3月，组织开展了2017年度商用密码随机抽查工作，对经审批的商用密码产品、进口密码产品和含有密码技术的设备的单位进行了随机抽查。从具有《商用密码产品型号证书》的1884款商用密码产品中，随机抽取了36款产品，抽查占比1.9%，加上5款2016年随机抽查中要求整改的产品，共随机抽取产品41款。经现场检查和委托第三方机构核验，2款产品随机抽查不合格，分别是北京S科技股份有限公司生产的SYT1305密钥管理系统、H股份有限公司生产的SHJ1602多功能密码应用互联网终端，已依法责令两家企业整改。从43家取得《密码产品和含有密码技术的设备进口许可证》的单位中随机抽查了14家单位，抽查占比为32.6%。经现场检查，M（北京）移动技术有限公司等12家单位的《密码产品和含有密码技术的设备进口许可证》使用情况合规有效；上海S进出口有限公司、R化成工业（重庆）有限公司2家单位的进口行为尚未发生。

3、密码源代码披露是怎么回事

《密码法》第三十一条第二款规定，密码管理部门和有关部门及其工作人员不得要求商用密码从业单位和商用密码检测、认证机构向其披露源代码等密码相关专有信息，并对其在履行职责中知悉的商业秘密和个人隐私严格保密，不得泄露或者非法向他人提供。因为在进行商用密码检测、认证过程中，可能涉及对商用密码产品、服务的源码等信息的检测。例如在GB/T38625—2020《信息安全技术 密码模块安全检测要求》中要求送检厂商提供源代码，以符合多个测评单元的安全要求，如“对于包含软件和固件的密码模块，送检厂商应提供源代码、编程语言、编译器、编译器版本和编译器选项、链接器和链接器选项、运行时库和运行时库设置、配置设置、生成过程和方法、生成选项、环境变量以及所有用于编译和链接源代码使其成为可执行形式的其他资源”，以“检测送检厂商是否具有严格合规的开发过程以满足不同安全等级的要求”。对于外资密码产品或服务提供者而言，可能对包括商业秘密在内的知识产权泄露或披露产生担忧，特别是担心检测或认证机构将这些信息向“密码管理部门”提供，《密码法》特别规定了本条以打消这些顾虑。

根本上看，由于我国尚未签署基于信息技术安全评估通用准则（ISO/IEC 15408，也就是CC标准）的《通用标准互认协定（CCRA）》，无法直接承认CCRA认可的检测实验室检测的有效性，同时按照《认证认可条例》的规定，外商投资企业取得认证机构资质，除应当符合第十条规定的条件外，还应当符合下列条件：（1）外方投资者取得其所在国家或者地区认可机构的认可；（2）外方投资者具有3年以上从事认证活动的业务经历。此外，还包括符合有关外商投资法律、行政法规和国家有关规定，并应履行资质审批程序，包括《市场准入负面清单（2019 年版）》规定的“未获得许可，不得从事商用密码产品的生产、质检测评、进出口和密码应用安全性评估”。因此，这一问题实际上超出了《密码法》的范畴。

与代码披露类似，但性质不同的概念是“代码审查”。据称微软于2003年与俄罗斯、英国、中国等国政府机构达成协议，使得政府可以审查其Windows代码。在2015年IBM披露的政府审查代码信息中，代码审查使用IBM的安全应用，并在指定的“技术演示中心”进行。对于代码审查，一般会认为属于类似国家安全审查的一部分。

◎ 思考未来 ◎

第一个问题：个人或企业的密码活动，哪些受到《密码法》的监管，哪些不受监管？提示信息是，读者应将密码活动区分为不同的阶段，如密码技术研发、密码产品生产销售、提供密码产品与服务、密码进出口，直至最终用户下载、购买、使用等环节。

第二个问题：除了《密码法》之外，还有哪些领域或者方面的法律会涉及对密码活动的监管？作为提示信息，除了与之关系密切的《网络安全法》，读者还应关注《密码法》的配套法规1999年《商用密码管理条例》的最新修订动态，而跟踪《出口管制法》《数据安全法》的立法进展有助于拓展对密码活动范围的理解。

第四章

密码违法行为的行政和刑事法律责任

@

我们知道那里（Internet）有不得信任之人，我以为我们可以排除他们。

——［美］大卫·克拉克

《密码法》第四章规定了违反该法和其他可适用法律的行政责任，并预留了与《中华人民共和国治安管理处罚法》（以下简称《治安管理处罚法》）、《刑法》等法律的“接口”。使得除了技术规制技术之外，还可以有其他的社会治理机制能够对技术所产生的负面影响进行评价和“矫正”，这实际上也体现出法律对技术合法应用的保护和对技术向善引导的独特功能。

一、窃取他人保密信息或侵入他人密码系统的法律后果

1、已知案例

实践中，密码通常作为基础的安全保护技术措施，整合在数据加密和身份鉴别等产品和服务中，并与防火墙、入侵检测系统等传统网络安全产品、服务，事件管理等综合工具、监测预警机制等一并形成不同维度的安全保护体系。在公开司法文书显示的2018年上海S网络科技有限公司等非法获取（北京Z网络技术有限公司）

计算机信息系统数据一案中，涉及与密码相关的违法行为如下：“……被告人破解北京Z网络技术有限公司的防抓取措施，使用‘tt_spider’文件实施视频数据抓取行为，造成被害单位北京Z网络技术有限公司损失技术服务费人民币2万元。经鉴定，‘tt_spider’文件中包含通过头条号视频列表、分类视频列表、相关视频及评论3个接口对今日头条服务器进行数据抓取，并将结果存入到数据库中的逻辑。在数据抓取的过程中使用伪造device_id绕过服务器的身份校验，使用伪造UA及IP绕过服务器的访问频率限制。”这里的伪造身份和规避验证行为，即属于对密码的“安全认证”保护功能的破坏。

随着重要系统、网络都已经或正在按照《网络安全法》和网络安全等级保护、关键信息基础设施保护制度部署加密或密码保障的技术措施，“加密已经成为网络安全基本配置”，因此非法侵入行为非常可能直接对加密信息或者密码保障系统造成攻击或损害。同时，如果本身不使用，但提供专门用于解密、加密的程序或工具，则可能构成提供侵入、非法控制计算机信息系统程序、工具罪，如我们在前文中提到了对密码漏洞的挖掘、披露等研究行为，应严格限定在协议约定的范围之内，否则可能涉及严重的刑事责任风险。

2、使用密码问题上的法律责任

读者应从包括行政处罚、刑事责任等不同层面考虑法律责任的具体类型，涉及的法律法规主要包括本条直接援引的《网络安全法》，以及正在修订中的《治安管理处罚法》，以及《刑法》等，读者不仅应关注这些法律本身，也应当对与之配套的制度、司法解释等有所了解。

（1）行政处罚层面的法律风险

本条所指向的《网络安全法》的具体条款是《网络安全法》的第六十三条，违反本法第二十七条规定，从事危害网络安全的活动，或者提供专门用于从事危害网络安全活动的程序、工具，或者为他人从事危害网络安全的活动提供技术支持、广告推广、支付结算等帮助，尚不构成犯罪的，由公安机关没收违法所得，处五日以下拘留，可以并处五万元以上五十万元以下罚款；情节较重的，处五日以上十五日以下拘留，可以并处十万元以上一百万元以下罚款。单位有前款行为的，由公安机关没收违法所得，处十万元以上一百万元以下罚款，并对直接负责的主管人员和其他直接责任人员依照前款规定处罚。

该条的特别之处在于，明确了对“窃取他人加密保护的信息，非法侵入他人的密码保障系统”的人员的“资格”限制，即如果违反本法（《网络安全法》）第二十七条规定，受到治安管理处罚的人员，五年内不得从事网络安全管理和网络运营关键岗位的工作；受到刑事处罚的人员，终身不得从事网络安全管理和网络运营关键岗位的工作。

如果前述活动构成犯罪，则跳转到下述的刑事责任。

（2）刑事责任层面的法律风险

我国《刑法》第二百八十五条非法侵入计算机信息系统罪，非法获取计算机信息系统数据、非法控制计算机信息系统罪，提供侵入、非法控制计算机信息系统程序、工具罪，以及第二百八十六条破坏计算机信息系统罪的规定，可以涵盖非法侵入他人的加密信息或者密码保障系统（包括了对密码和密码所保护信息的侵入、控制、破坏等行为，统称为“侵入密码”）的违法犯罪行为。按照刑法及相关司法解释的规定，前述行为的法律责任包括：

①违反国家规定，侵入国家事务、国防建设、尖端科学技术领域的计算机信息系统的，处三年以下有期徒刑或者拘役。

②违反国家规定，侵入前款规定以外的计算机信息系统或者采用其他技术手段，获取该计算机信息系统中存储、处理或者传输的数据，或者对该计算机信息系统实施非法控制，情节严重的，处三年以下有期徒刑或者拘役，并处或者单处罚金；情节特别严重的，处三年以上七年以下有期徒刑，并处罚金。

③提供专门用于侵入、非法控制计算机信息系统的程序、工具，或者明知他人实施侵入、非法控制计算机信息系统的违法犯罪行为而为其提供程序、工具，情节严重的，依照前款的规定处罚。

④违反国家规定，对计算机信息系统功能进行删除、修改、增加、干扰，造成计算机信息系统不能正常运行，后果严重的，处五年以下有期徒刑或者拘役；后果特别严重的，处五年以上有期徒刑。

⑤违反国家规定，对计算机信息系统中存储、处理或者传输的数据和应用程序进行删除、修改、增加的操作，后果严重的，依照前款的规定处罚。

⑥故意制作、传播计算机病毒等破坏性程序，影响计算机系统正常运行，后果严重的，依照第二百八十六条第一款的规定处罚。

除了“侵入密码”外，“窃取密码”的行为根据窃取的他人加密保护的信息的不同，如个人信息、商业秘密，可能分别或同时触及《刑法》第二百五十三条侵犯公民个人信息罪、第二百一十九条侵犯商业秘密罪等罪名。例如，按照《刑法》第二百五十三条规定，“窃取或者以其他方法非法获取公民个人信息”，情节严重的，处三年以下有期徒刑或者拘役，并处或者单处罚金；情节特别严重的，处三年以上七年以下有期徒刑，并处罚金。当然在这里需要澄清的是，通过对加密信息进行解密的方式窃取个人信息，本身不属于情节严重，这里的情节严重主要根据个人信息的类型（例如金融信息）、个人信息的数量来确定，与信息本身是否受加密保护没有直接关联。

3、加密作为网络安全保护义务

除了上述“侵入密码”“窃取密码”的非法活动之外，《网络安全法》还规定了一项非常重要的涉及网络运营者（主要是使用密码作为网络安全保护措施）的义务，其第二十一条规定，国家实行网络安全等级保护制度。网络运营者应当按照网络安全等级保护制度的要求，履行下列安全保护义务，保障网络免受干扰、破坏或者未经授权的访问，防止网络数据泄露或者被窃取、篡改：……（四）采取数据分类、重要数据备份和加密等措施。第五十九条规定，网络运营者不履行本法第二十一条、第二十五条规定的网络安全保护义务的，由有关主管部门责令改正，给予警告；拒不改正或者导致危害网络安全等后果的，处一万元以上十万元以下罚款，对直接负责的主管人员处五千元以上五万元以下罚款。

如果网络运营者应当采取加密措施，主要包括两种情况：（1）按照网络安全等级保护制度要求，第三级以上网络应当采用密码保护，“应确保密码产品与服务的采购和使用符合国家密码管理主管部门的要求”；（2）网络运营者对外宣称对个人信息或其他重要数据进行了加密。但实际未采取加密措施，在发生网络安全事件时，公安机关等有权机构将可能基于“一案双查”等，按照第五十九条的规定对网络运营者责令改正和警告处罚，在产生网络安全危害后果时，给予相应的处罚。更为严重的是，《刑法》第二百八十六条之一规定了“拒不履行信息网络安全管理义务罪”，网络服务提供者不履行法律、行政法规规定的信息网络安全管理义务，经监管部门责令采取改正措施而拒不改正，有下列情形之一的，处三年以下有期徒刑、拘役或者管制，并处或者单处罚金：（一）致使违法信息大量传播的；（二）致使用户信息泄露，造成严重后果的；（三）致使刑事案件证据灭失，情节严重的；（四）有其他严重情节的。单位犯前款罪的，对单位判处罚金，并对其直接负责的主管人员和其他直接责任人员，依照前款的规定处罚。

二、非法使用核心密码、普通密码的法律责任

1、可能涉及的刑事责任

由于核心密码和普通密码在保护国家秘密的同时，自身也属于国家秘密，因此非法使用核心密码、普通密码可能会产生自身泄密和其他国家秘密泄密的二重后果，即该密级的国家秘密泄露的同时，保护该密级国家秘密的对应的具有同样密级的核心或普通密码也可能泄密，按照2005年通过的《最高人民检察院关于渎职侵权犯罪案件立案标准的规定》，可能产生刑法上的严重责任。

故意泄露国家秘密罪是指国家机关工作人员或者非国家机关工作人员违反保守国家秘密法，故意使国家秘密被不应知悉者知悉，或者故意使国家秘密超出了限定的接触范围，情节严重的行为。涉嫌下列情形之一的，应予立案：（1）泄露绝密级国家秘密1项（件）以上的；（2）泄露机密级国家秘密2项（件）以上的；（3）泄露秘密级国家秘密3项（件）以上的；（4）向非境外机构、组织、人员泄露国家秘密，造成或者可能造成危害社会稳定、经济发展、国防安全或者其他严重危害后果的；（5）通过口头、书面或者

网络等方式向公众散布、传播国家秘密的；（6）利用职权指使或者强迫他人违反国家保守秘密法的规定泄露国家秘密的；（7）以牟取私利为目的泄露国家秘密的；（8）其他情节严重的情形。

过失泄露国家秘密罪是指国家机关工作人员或者非国家机关工作人员违反保守国家秘密法，过失泄露国家秘密，或者遗失国家秘密载体，致使国家秘密被不应知悉者知悉或者超出了限定的接触范围，情节严重的行为。涉嫌下列情形之一的，应予立案：（1）泄露绝密级国家秘密1项（件）以上的；（2）泄露机密级国家秘密3项（件）以上的；（3）泄露秘密级国家秘密4项（件）以上的；（4）违反保密规定，将涉及国家秘密的计算机或者计算机信息系统与互联网相连接，泄露国家秘密的；（5）泄露国家秘密或者遗失国家秘密载体，隐瞒不报、不如实提供有关情况或者不采取补救措施的；（6）其他情节严重的情形。

此外，如构成《人民检察院直接受理立案侦查的渎职侵权重特大案件标准》规定的标准的，则作为“重大泄密案件”处理。

2、发生泄密事件的处理

接上一条讨论，对于涉及国家秘密的违法事件，《泄密案件查处办法》给出了对包括核心密码、普通密码在内的处理过程。根据查处的不同情况，分别处理如下：（1）案件调查过程中，保密行政管理部门发现有关机关、单位存在泄密隐患的，应当立即要求其采取措施，限期整改；对存在泄密隐患的设施、设备、场所，依法责令停止使用。（2）调查结束后，保密行政管理部门认为存在泄密事实，需要追究责任的，应当向有关机关、单位提出人员处理建议。有关机关、单位应当及时将处理结果书面告知同级保密行政管理部门。（3）保密行政管理部门应当针对案件暴露出的问题，督促有关机关、单位采取整改措施，加强和改进保密工作。机关、单位应当在规定时限内将整改情况书面报送保密行政管理部门。保密行政管理部门可以对机关、单位的整改情况进行复查。（4）经调查，保密行政管理部门认为案件当事人实施的违反保密法律法规行为涉嫌构成犯罪的，应当连同案件材料及时移送有关部门查处。这里，可能构成的刑事责任包括了第二百八十二条非法获取国家秘密罪，非法持有国家绝密、机密文件、资料、物品罪，第三百九十八条故意泄露国家秘密罪，过失泄露国家秘密罪等法律责任。

三、与密码检测认证有关的法律责任

1、检测或认证机构的责任

按照《认证认可条例》，违反检测认证规定的机构可能承担的责任包括：（1）未经《认证认可条例》批准擅自从事认证活动；（2）认证机构接受可能对认证活动的客观公正产生影响的资助，或者从事可能对认证活动的客观公正产生影响的产品开发、营销等活动，或者与认证委托人存在资产、管理方面的利益关系；（3）超出批准范围从事认证活动；（4）认证机构或与认证有关的检查机构、实验室增加、减少、遗漏认证基本规范、认证规则规定的程序；（5）未对其认证的产品、服务、管理体系实施有效的跟踪调查，或者发现其认证的产品、服务、管理体系不能持续符合认证要求，不及时暂停其使用或者撤销认证证书并予公布；（6）聘用未经认可机构注册的人员从事认证活动；（7）未公开认证基本规范、认证规则、收费标准等信息、认证机构或与认证有关的检查机构、实验室未对认证过程作出完整记录，归档留存；（8）未及时向其认证的委托人出具认证证书；（9）认证机构出具虚假的认证结论，或者出具的认证结论严重失实；（10）认证机构以及与认证有关的检查机构、实验室未经指定擅自从事列入目录产品的认证以及与认证有关的检查、检测活动；（11）指定的认证机构、检查机构、实验室超出指定的业务范围从事列入目录产品的认证以及与认证有关的检查、检测活动，或转让指定的认证业务，等等。应该来讲，这些规定基本能够涵盖检测认证机构的法律责任。

如果认证机构出具了虚假的认证报告，造成其他基于对认证信赖的第三方（例如商用密码产品用户）的损失时，第三方是可以向认证机构主张赔偿责任，还是只能向比如商用密码产品提供商主张违约或者赔偿?

按照《认证认可条例》第六十二条规定，认证机构出具虚假的认证结论，或者出具的认证结论严重失实的，撤销批准文件，并予公布；对直接负责的主管人员和负有直接责任的认证人员，撤销其执业资格；构成犯罪的，依法追究刑事责任；造成损害的，认证机构应当承担相应的赔偿责任。这里的赔偿责任是向接受认证的比如商用密码产品提供商赔偿，还是可以包括使用了商用密码产品的第三方?《认证认可条例》没有解决这个问题。实务中受限于合同的相对性，第三方一般只能通过与商用密码产品提供商的协议约定主张责任，而难以直接向认证机构主张赔偿。

2、销售或提供者的责任

按照《密码法》第三十六条规定，销售或者提供未经检测认证或者检测认证不合格的商用密码产品，或者提供未经认证或者认证不合格的商用密码服务的，由市场监督管理部门会同密码管理部门责令改正或者停止违法行为，给予警告，没收违法产品和违法所得；违法所得十万元以上的，可以并处违法所得一倍以上三倍以下罚款；没有违法所得或者违法所得不足十万元的，可以并处三万元以上十万元以下罚款。

尽管国家密码管理局通过了《商用密码产品认证目录（第一批）》，在商用密码认证业务网站（http：//service.scctc.org.cn/）列出了经过检测认证的商用密码产品清单，并应用在很多商务、政务领域，但公众网络活动使用的很多密码并未经过检测认证。这一方面是因为日常使用的商用密码检测认证遵循自愿原则；另一方面，丰富和发达的开源密码是网络密码，特别是密码软件的重要构成部分。不仅如此，这些开源的商用密码还应用到了包括关键信息基础设施等领域的安全产品和服务中。如何确保这些开源密码的安全，不仅是检测认证的问题——事实上检测认证难以完全实现对各类密码应用的覆盖——更多的是针对具体的商用密码应用系统、网络等进行场景化的“密评”需要解决的问题。

四、与“密评”相关的法律责任

1、违反密评的情形与后果

按照《密码法》第三十七条规定，违反“密评”包括三种情况：（1）应使用商用密码进行保护而未使用；（2）未开展商用密码应用安全性评估；（3）未通过密码应用安全性评估而继续违法运营关键信息基础设施的情形。在这几种情况下关键信息基础设施运营者都可能承担法律责任。上述问题的实质是，如果某一关键信息基础设施运营者，由于没有进行“密评”，则可能同时违反了《网络安全法》第三十八条规定的“关键信息基础设施的运营者应当自行或者委托网络安全服务机构对其网络的安全性和可能存在的风险每年至少进行一次检测评估”和《密码法》第二十七条第一款的规定。一般我们读者会认为此时会同时产生两个法律适用下的“冲突”（或者法律术语所称的“竞合”）。对于前者，《网络安全法》规定的责任是“关键信息基础设施的运营者不履行……第三十八条规定的网络安全保护义务的，由有关主管部门责令改正，给予警告；拒不改正或者导致危害网络安全等后果的，处十万元以上一百万元以下罚款，对直接负责的主管人员处一万元以上十万元以下罚款”；对于后者，《密码法》第三十七条规定“关键信息基础设施的运营者违反本法第二十七条第一款规定，未按照要求使用商用密码，或者未按照要求开展商用密码应用安全性评估的，由密码管理部门责令改正，给予警告；拒不改正或者导致危害网络安全等后果的，处十万元以上一百万元以下罚款，对直接负责的主管人员处一万元以上十万元以下罚款”。

2、一事不二罚的探讨

这里，施行在后的《密码法》参考并接受了《网络安全法》的规定并保持了高度一致，但是最为严重的处罚金额似乎“不高”，是否意味着关键信息基础设施的主管部门和国家密码管理局可以分别按照《网络安全法》和《密码法》作出处罚？

按照《行政处罚法》第二十四条规定，对当事人的同一个违法行为，不得给予两次以上罚款的行政处罚。因此即使是关键信息基础设施因未“密评”而导致违反风险评估的相关规定，也不宜对其罚款两次。当然，在将来的《密码法》《网络安全法》执法实践中，将可能通过“联合执法”[①]等方式由关键信息基础设施的主管部门和国家密码管理局等进行统一、协调的检查。

① “原创图解|App违法违规收集使用个人信息专项治理成效显著！一起来看！”，http://www.cac.gov.cn/2020-05/29/c_1592301301769952.htm.该治理执法由网信办、工信部、公安部和市监总局联合发文并实施，是典型的“联合”执法活动。

五、违反密码进出口监管的法律责任

1、违反密码进出口监管的情形与后果

违反密码进出口规定的情形主要包括：（1）未经取得进口许可证而进口涉及国家安全、社会公共利益且具有加密保护功能的商用密码［需要注意的是，如果不具有加密保护功能而仅具有安全认证功能的商用密码（例如仅电子签名），则不适用这里的处罚］；（2）未按照许可证类型进口商用密码；（3）未经许可销售境外的密码产品；（4）进口密码主体不符合《密码产品和含有密码技术的设备进口许可服务指南》规定；（5）进口密码最终用户和最终用途不符合《密码产品和含有密码技术的设备进口许可服务指南》规定或存在转让行为；（6）出口的产品未通过国家密码管理局的审批或不符合《商用密码产品出口许可服务指南》的规定；（7）产品出口到境外最终用户的过程中申请人未提供每个环节的合同或者协议，或出口密码最终用户和最终用途不符合合同或者协议约定，或违反中国承担的国际义务；（8）可能危害国家安全、社会公共利益的其他情形。

按照《对外贸易法》和《技术进出口管理条例》等规定，国务院商务主管部门或者海关将按照《技术进出口管理条例》等规定分别予以处罚，《出口管制法》等对此也有针对性规定：（1）进口或者出口属于禁止进出口的技术的，或者未经许可擅自进口或者出口属于限制进出口的技术的，依照刑法关于走私罪、非法经营罪、泄露国家秘密罪或者其他罪的规定，依法追究刑事责任；尚不够刑事处罚的，区别不同情况，依照海关法的有关规定处罚，或者由国务院外经贸主管部门给予警告，没收违法所得，处违法所得1倍以上5倍以下的罚款；国务院外经贸主管部门并可以撤销其对外贸易经营许可；（2）擅自超出许可的范围进口或者出口属于限制进出口的技术的，依照刑法关于非法经营罪或者其他罪的规定，依法追究刑事责任；尚不够刑事处罚的，区别不同情况，依照海关法的有关规定处罚，或者由国务院外经贸主管部门给予警告，没收违法所得，处违法所得1倍以上3倍以下的罚款；国务院外经贸主管部门并可以暂停直至撤销其对外贸易经营许可；（3）伪造、变造或者买卖技术进出口许可证或者技术进出口合同登记证的，依照刑法关于非法经营罪或者伪造、变造、买卖国家机关公文、证件、印章罪的规定，依法追究刑事责任；尚不够刑事处罚的，依照海关法的有关规定处罚；国务院外经贸主管部门并可以撤销其对外贸易经营许可；（4）以欺骗或者其他不正当手段获取技术进出口许可的，由国务院外经贸主管部门吊销其技术进出口许可证，暂停直至撤销其对外贸易经营许可。

2、值得关注的境外规定

作为参考，我们也了解下美国《出口管理条例》（EAR）对类似行为规定的法律责任。其764“执法与保护措施部分”

（Enforcement and Protective Measures）对违反EAR的行为从民事到刑事责任均进行了详细规定。在764.2中，EAR规定了11类禁止行为：（1）实施EAR规定的禁止行为；（2）协助、帮助或教唆违法行为；（3）寻求或尝试违法行为；（4）预谋行为；（5）故意违反行为；（6）试图实施非法出口行为；（7）虚假陈述和隐瞒事实；（8）规避行为；（9）未遵守报告、记录保存要求行为；（10）更改许可证；（11）违反禁令行为。

针对上述违法行为，EAR规定了相应的行政和刑事责任。其中行政处罚规定如下：（1）对于任一次违反行为，商务部可以处以不超过EAA上限金额的罚款；（2）可以在不超过一年期限内实施上述处罚，并以此作为给予、恢复或维持许可证的条件；（3）可以标准禁令或非标准禁令（non-standard denial order）的形式限制特定主体或特定人员从事出口和再出口所涉物项的交易。对刑事责任的规定如下：（1）对故意、合谋或企图违反EAA、EAR的行为，且出口至受控国家或受限于外交政策，可基于其许可证下物项处以5倍以下或1,000,000美元（取较大者）的罚金，对自然人的可处以250,000美元以下罚金，单处或并处10年以下监禁；（2）对其他故意、合谋或企图违反EAA、EAR的行为，可基于其许可证下物项处以5倍以下或50,000美元（取较大者）的罚金，单处或并处5年以下监禁；（3）对取得向受控国家出口许可证的实体，如其未履行向国防部报告该等受控国家将物项用于军事、情报等用途的，可基于其许可证下物项处以5倍以下或1,000,000美元（取较大者）的罚金，对自然人的可处以250,000美元以下罚金，单处或并处5年以下监禁等。

六、违反电子政务电子认证服务的情形与后果

违反电子政务电子认证服务的情形主要包括《电子认证服务密码管理办法》《电子政务电子认证服务管理办法》等规定的下述情形：（1）不符合电子政务电子认证体系建设总体规划布局要求；（2）未由具有商用密码产品生产和密码服务能力的单位、规范承建；（3）电子认证服务系统的建设和运行不符合《证书认证系统密码及其相关安全技术规范》等标准规范要求；（4）电子认证服务系统所需密钥服务未由密码管理机构规划的密钥管理系统提供；（5）不支持电子政务电子认证源点的管理；（6）未能提交电子认证服务系统安全性审查相关技术材料、电子认证服务系统互联互通测试相关技术材料等。

如因前述条件不符合而取得《电子认证服务使用密码许可证》、列入《电子政务电子认证服务机构目录》，或在未通过年度评估、整改等未取得许可证和列入目录的情形下从事电子政务电子认证服务，均构成对该条的违反。此外，本条未规定但实务中也属于未经认定从事电子政务电子认证服务的其他行为还包括，利用电

子认证服务进行违法、犯罪活动，超过特定期限未开展证书服务业务等情形，亦应当在适用本条承担法律责任的同时，暂停或终止电子政务电子认证服务。

七、对密码工作人员的责任规定

《密码法》第四十条规定，密码管理部门和有关部门、单位的工作人员在密码工作中滥用职权、玩忽职守、徇私舞弊，或者泄露、非法向他人提供在履行职责中知悉的商业秘密和个人隐私的，依法给予处分。事实上，对工作人员的法律责任追究，包括从行政到刑事的不同层面。按照2018年修订的《公务员法》第五十九条规定，公务员应当遵纪守法，不得有不担当，不作为，玩忽职守，贻误工作；弄虚作假，误导、欺骗领导和公众；贪污贿赂，利用职务之便为自己或者他人谋取私利；滥用职权，侵害公民、法人或者其他组织的合法权益等行为。第一百零八条规定，公务员主管部门的工作人员，违反本法规定，滥用职权、玩忽职守、徇私舞弊，构成犯罪的，依法按照《刑法》第三百九十七条、第四百零二条、第四百一十四条等追究刑事责任；尚不构成犯罪的，给予处分或者由监察机关依法给予政务处分。

因此，处分限于不构成犯罪的“内部”处罚，对于情节严重的仍然可以追究刑事责任。可能涉及的刑事罪名包括滥用职权罪、玩忽职守罪等。2006年《最高人民检察院关于渎职侵权犯罪案件立案标准的规定》给出了滥用职权、玩忽职守的法律定义。滥用职权，是指国家机关工作人员超越职权，违法决定、处理其无权决定、处理的事项，或者违反规定处理公务，致使公共财产、国家和人民利益遭受重大损失的行为。玩忽职守，是指国家机关工作人员严重不负责任，不履行或者不认真履行职责，致使公共财产、国家和人民利益遭受重大损失的行为。徇私舞弊，是指国家机关工作人员为徇私情、私利，故意违背事实和法律，伪造材料，隐瞒情况，弄虚作假的行为。

本章最后，我们整体上从刑事法律上总结一下与密码相关的法律责任，我国《刑法》第二百一十九条侵犯商业秘密罪；第二百八十二条非法获取国家秘密罪，非法持有国家绝密、机密文件、资料、物品罪；第三百九十八条故意泄露国家秘密罪，过失泄露国家秘密罪；第二百五十三条之一侵犯公民个人信息罪；第二百八十五条非法侵入计算机信息系统罪，非法获取计算机信息系统数据、非法控制计算机信息系统罪，提供侵入、非法控制计算机信息系统程序、工具罪；第二百八十六条破坏计算机信息系统罪的规定，涵盖了违反《密码法》可能导致的刑事责任的行为与法律后果。

◎ 思考未来 ◎

第一个问题：在法律责任中大部分的执法主体并非国家密码管理局，要么是其他监管机构，要么是其他机构会同国家密码管理局，为什么会如此安排?

第二个问题：如何“量化”某一违反《密码法》的行为，从而判定其应该承担《密码法》上的责任还是《刑法》上的责任?对于这一问题的提示，读者应考虑最高人民法院、最高人民检察院和公安部等出台的“司法解释”类文件。

第五章

密码法的配套与升级

创造的神秘，有如夜间黑暗般伟大，而知识的幻影却不过如晨间之雾。

——［印］泰戈尔

《密码法》的制定和实施只是对已知和类知的密码行为进行规范，而密码作为信息与网络技术中的小众而高端的领域，未来将会有更多未知的与密码相结合的技术活动有待法律的理解、抽象和规范，也是“知也无涯”的旅程。同样，提出一个问题往往比解决一个问题来得更深刻（NP≠P？），《密码法》的施行不仅解决了某些现实的密码法律问题，更终将构筑《密码法》独立的体系。

一、《密码法》配套制度和密码管理规章

《密码法》第四十二条规定，国家密码管理部门依照法律、行政法规的规定，制定密码管理规章。如果以《密码法》为密码的基础法律，我们基本可以搭建一个目前和可预见的未来可能呈现的一个密码监管框架，从法律到标准的简洁的表格化形式大致如下（并非完全对应关系。非完全法律文件列表，部分为征求意见稿状态）：

法律	行政法规	其他法律规范性文件	目录、标准和指引等
《密码法》	《商用密码管理条例》	《金融和重要领域密码应用与创新发展工作规划》《商用密码科研管理规定》	《电子政务电子认证服务业务规则规范》《电子政务电子认证服务质量评估要求》、密评的制度与实施依据（见第二十七条）、关于印发商用密码随机抽查事项清单的通知
《国家安全法》	《计算机信息系统安全保护条例》	《计算机信息系统国际联网保密管理规定》	关于金融领域密码应用指导意见的通知
《网络安全法》	《电信条例、计算机信息网络国际联网安全保护管理办法》	《网络安全审查办法》	《金融数据密码机检测规范》《商用密码产品认证目录》《网络关键设备和网络安全专用产品目录》《信息安全技术 信息技术产品供应链安全要求》
《保守国家秘密法》	《保守国家秘密法实施条例》	《含有密码技术的信息产品政府采购规定》《计算机信息系统保密管理暂行规定》《泄密案件查处办法》	《电子文件密码应用技术规范》
《对外贸易法》	《技术进出口管理条例》	《两用物项和技术出口通用许可管理办法》《中国禁止出口限制出口技术目录》	《密码产品和含有密码技术的设备进口管理目录》《市场准入负面清单》
《电子签名法》	《网络安全等级保护条例》	《电子认证服务密码管理办法》《电子政务电子认证服务管理办法》	《信息安全技术 网络安全等级保护基本要求》《信息安全技术 网络安全等级保护测评要求》

《出口管制法》	《关键信息基础设施安全保护条例》	《军品出口管理条例》（军事法规）	《信息安全技术 关键信息基础设施边界确定方法》《信息安全技术 关键信息基础设施安全防护能力评价方法》
《数据安全法》	《互联网信息服务管理办法》《认证认可条例》	《数据安全管理办法》	《信息安全技术 网络数据处理安全规范》

如果想对有关制定密码管理规章的问题有进一步了解，读者可参见《立法法》第八十条等规定。显而易见的是，对密码的监督管理非一部《密码法》能够独立完成的，正如《网络安全法》等正在构筑的配套制度体系一样，这也是各国（主要指大陆法系国家）的通行做法。英美法系在网络安全领域的立法，也呈现出条文化的趋势，这大概与网络尚属于“新兴”领域有关。对于网络安全相关领域的探讨和立法，新加坡的做法或许可供参考借鉴。

与我国类似，新加坡2018年通过了《网络安全法》，其中第四十八条规定，（1）部长（网络安全主管部门和其他相关部门）可制定条例，以落实本法的目的及规定；（2）在不限制第（1）款规定的情况下，部长可针对以下所有或任一事项制定条例：（a）认定关键信息基础设施的程序；（b）关键信息基础设施应保持的网络安全技术或其他标准；（c）关键信息基础设施所有者的责任和义务；（d）关键信息基础设施的设计、配置、安全性或运行的重大变更；（e）关键信息基础设施所有者应报告的关键信息基础设施网络安全事件类型；（f）关键信息基础设施所有者应进行的网络安全审计和网络安全风险评估的要求和方式；（g）可能进行的网络安全演习的形式和性质；（h）发放的许可证类别，以及许可证的授予或续期要求；（i）被许可人业务经营行为；（j）基于本法目的要求缴纳的费用，包括此类费用的退还和减免；（k）为实施本法而必须或适宜规定的，本法规定或允许规定的任何事项。这里就涉及与密码相关的很多监管问题。

二、修订的《商用密码管理条例》

2020年8月，国家密码管理局发布了《商用密码管理条例（修订草案征求意见稿）》，该条例按照《密码法》进行了梳理，特别是体现了2017年以来国务院发布《国务院关于取消一批行政许可事项的决定》（国发〔2017〕46号）的要求，取消了“商用密码产品生产单位审批”“商用密码产品销售单位许可”“外商投资企业使用境外密码产品审批”和“境外组织/个人在华使用密码产品或者含有密码技术的设备审批”。2018年，国家密码管理局发布《国家密码管理局关于取消证明事项的通知》，取消23项证明事项。在“放管服”思路的引领下，以境内外不同主体为监管对象和重点的传统模式发生了重大变化，国家密码管理局开始通过以下措施加强事中事后监管：（1）加强对进口密码产品的审批，健全相关制度，未经许可不得进口，严把进口关；（2）强化市场监管措施，加大“双随机、一公开”抽查力度，准确掌握进口密码产品的最终用户和最终用途；（3）建立信用体系，实行“黑名单”制度，加强社会监督，对违法违规行为加大处罚力度，充分发挥行业组织作用。

修订后的《商用密码管理条例》最为明显的变化有两点：

1）明确了商用密码监督检查的职权。将对核心密码、普通密码的监管模式部分“复制”到商用密码监管领域（见本书对《密码法》第十七条的解读），具体包括：（1）进入商用密码活动场所实施现场检查；（2）向当事人的法定代表人、主要负责人和其他有关人员调查、了解有关情况；（3）查阅、复制有关合同、票据、账簿以及其他有关资料；（4）对违法从事商用密码活动的场所、设备设施、产品等予以查封或者扣押；（5）委托商用密码检测、认证机构对商用密码专业事项进行鉴定。

2）增加了商用密码技术安全性审查。国家密码管理部门根据商用密码应用需求或者安全需要，组织对密码算法、密码协议、密钥管理机制等商用密码技术进行安全性审查，通过安全性审查的，列入商用密码技术指导目录。此外，要求非涉密的关键信息基础设施、网络安全等级保护第三级以上网络、国家政务信息系统等网络与信息系统，应当使用经检测认证合格的商用密码产品、服务，使用列入商用密码技术指导目录的商用密码技术。

对于“商用密码技术安全性审查”，由于《密码法》并未进行原则规定，因此理论上《商用密码管理条例》不会也不能为国家密码管理局创设新的职权，或增加监管对象的义务。该审查从本质上是对从具体产品、服务中抽象出的商用密码技术的审查，并不针对某一特定的商用密码产品或服务，因此也不属于代码审查、进出口技术审查，以至国家安全审查的范畴。但同时，该规定对国家密码管理局的密码分析能力提出了更高的要求。

三、下一代密码法展望

鲁迅说过，“我总不信在旧马褂未曾洗净叠好之前，便不能做一件新马褂”。《密码法》尽管需要进行必要的持续性的施行后评价，以更好地服务于立法目的，包括公众加密权的实现，但同时也不影响未雨绸缪开始讨论下一代密码法的问题，正如美国在2018年12月就通过了《国家量子计划法案》布局下一代计算[①]一样，现在讨论下一代密码和密码法并不算早。

基于加密和认证功能的算法和协议规范，构成了现代密码法律、政策的基础。判断密码是否符合并纳入现代密码法律、政策规范，是通过算法、密钥（等变量/参数）、协议构建了加密物项概念（EI，但施行版本的《密码法》最终删除了物项的提法）并对之实施管理。密码法律、政策是基于变量（确定性寻求）的规制，通过密钥长度规范进出口法律、政策，通过标准和专利等规范算法和

① “美国国会高票通过国家量子法案，提升国家竞争力”，http：//tech.163.com/18/1220/13/E3FM1NDT00097U7T.html.

协议。例如美国《出口管理条例》（EAR）对非标准密码的判断标准，进而限制其使用范围。下一代密码法因此也需要结合技术、战略考虑，以密码概念为基础考虑规制范畴问题。

本书最后提出考虑下一代密码法的若干因素，供有兴趣的读者进一步思考：

1、技术和架构的根本性变革

在涉及颠覆性的新技术、新应用的可能性前提下，下一代密码立法应当综合考虑以下问题：（1）网络基础架构的变化，例如从4G向5G的迈进导致速度、场景、安全架构的全新变化；（2）终端（包括边缘计算）设备发生根本变化，例如从智能手机全面更新到其他更轻量级、深度植入层的智能设备（例如VR）；（3）构成现代密码学意义上的密码变量、参数发生的变化；（4）人工智能的“乱入”会产生哪些不可预测的风险（或机遇）；（5）以密码技术为基础的数字货币化进程对整体数字经济发展的根本性影响。

2、密码立法的宗旨与意义

密码立法的“终极”安全目的在于实现相关权益主体的合法安全，对于不同权益主体而言均有确保其信息绝对安全的诉求，然而现有的密码立法所规范的密码技术并无法完全实现绝对安全，至于下一代密码是否能够实现“绝对安全”的重任，我们倾向的答案依然是“不能”。因此理论上绝对安全的“一次一密”和商业化应用的密码技术、产品和服务之间存在着失落和偏差。实际应用的密码所能够实现的适度安全，需要密码法作为事后机制介入来“止损”。同时，密码本身作为军民两用物资，存在着“军转民”和“民转军”的军民融合新课题。这将决定密码立法是更偏向于民事，还是更侧重于行政立法的角色定位。

3、主导或左右密码立法的力量

最终，在下一代密码立法启动之前，还需回答谁来主导立法前置研究、谁来推动立法进程、如何评估立法与技术的相互作用，以及从面貌上，呈现出的是统一的体系化法律，还是分散在各法律部分中的政策、规则的集合等问题。如何实现法律界与技术界的良性互动？立法者从来都会受到来自技术行业的专业责难，无论是国内《网络安全法》立法历程，还是美国对是否建立统一的个人信息或隐私规范立法的激烈争论，都表现了这一点。在2016年对美国《遵从法院令状法案》（Compliance with Court Orders Act of 2016）的批判中，业内人士指出参议院的该法案滑稽、危险、无知。但是，立法的价值在于因为立法者不相信绝对安全，并为此提供了利益损害的救济方式。

我们在从选择加密到默认加密的持续演进中，确实需要运用包括法律在内的视角对密码多一层审视。回到我们在本书之初的https问题上，当谷歌、阿里等搜索引擎或电商通过算法优化呈现适用SSL加密网页信息时，当各国的网络安全立法和执法要求将加密作为必要的技术措施时，我们是否更接近还是远离了密码学和互联网络的“初衷”—— 加密保护的信息是否比未加密的信息更安全？这不仅是一个技术问题，也不纯粹是法律问题，而是一个社会问题，甚至是一个终极的哲学命题。

附录一：中华人民共和国密码法

2019年10月26日颁布 2020年1月1日实施

中华人民共和国主席令第三十五号

（2019年10月26日第十三届全国人民代表大会常务委员会第十四次会议通过）

目 录

第一章 总 则

第一条 为了规范密码应用和管理，促进密码事业发展，保障网络与信息安全，维护国家安全和社会公共利益，保护公民、法人和其他组织的合法权益，制定本法。

第二条　本法所称密码，是指采用特定变换的方法对信息等进行加密保护、安全认证的技术、产品和服务。

第三条　密码工作坚持总体国家安全观，遵循统一领导、分级负责，创新发展、服务大局，依法管理、保障安全的原则。

第四条　坚持中国共产党对密码工作的领导。中央密码工作领导机构对全国密码工作实行统一领导，制定国家密码工作重大方针政策，统筹协调国家密码重大事项和重要工作，推进国家密码法治建设。

第五条　国家密码管理部门负责管理全国的密码工作。县级以上地方各级密码管理部门负责管理本行政区域的密码工作。

国家机关和涉及密码工作的单位在其职责范围内负责本机关、本单位或者本系统的密码工作。

第六条　国家对密码实行分类管理。

密码分为核心密码、普通密码和商用密码。

第七条　核心密码、普通密码用于保护国家秘密信息，核心密码保护信息的最高密级为绝密级，普通密码保护信息的最高密级为机密级。

核心密码、普通密码属于国家秘密。密码管理部门依照本法和有关法律、行政法规、国家有关规定对核心密码、普通密码实行严格统一管理。

第八条　商用密码用于保护不属于国家秘密的信息。

公民、法人和其他组织可以依法使用商用密码保护网络与信息安全。

第九条　国家鼓励和支持密码科学技术研究和应用，依法保护密码领域的知识产权，促进密码科学技术进步和创新。

国家加强密码人才培养和队伍建设，对在密码工作中作出突出贡献的组织和个人，按照国家有关规定给予表彰和奖励。

第十条　国家采取多种形式加强密码安全教育，将密码安全教育纳入国民教育体系和公务员教育培训体系，增强公民、法人和其他组织的密码安全意识。

第十一条　县级以上人民政府应当将密码工作纳入本级国民经济和社会发展规划，所需经费列入本级财政预算。

第十二条　任何组织或者个人不得窃取他人加密保护的信息或者非法侵入他人的密码保障系统。

任何组织或者个人不得利用密码从事危害国家安全、社会公共利益、他人合法权益等违法犯罪活动。

第二章　核心密码、普通密码

第十三条　国家加强核心密码、普通密码的科学规划、管理和使用，加强制度建设，完善管理措施，增强密码安全保障能力。

第十四条　在有线、无线通信中传递的国家秘密信息，以及存储、处理国家秘密信息的信息系统，应当依照法律、行政法规和国家有关规定使用核心密码、普通密码进行加密保护、安全认证。

第十五条　从事核心密码、普通密码科研、生产、服务、检测、装备、使用和销毁等工作的机构（以下统称密码工作机构）应当按照法律、行政法规、国家有关规定以及核心密码、普通密码标准的要求，建立健全安全管理制度，采取严格的保密措施和保密责任制，确保核心密码、普通密码的安全。

第十六条　密码管理部门依法对密码工作机构的核心密码、普通密码工作进行指导、监督和检查，密码工作机构应当配合。

第十七条　密码管理部门根据工作需要会同有关部门建立核心密码、普通密码的安全监测预警、安全风险评估、信息通报、重大事项会商和应急处置等协作机制，确保核心密码、普通密码安全管理的协同联动和有序高效。

密码工作机构发现核心密码、普通密码泄密或者影响核心密码、普通密码安全的重大问题、风险隐患的，应当立即采取应对措施，并及时向保密行政管理部门、密码管理部门报告，由保密行政管理部门、密码管理部门会同有关部门组织开展调查、处置，并指导有关密码工作机构及时消除安全隐患。

第十八条　国家加强密码工作机构建设，保障其履行工作职责。

国家建立适应核心密码、普通密码工作需要的人员录用、选调、保密、考核、培训、待遇、奖惩、交流、退出等管理制度。

第十九条　密码管理部门因工作需要，按照国家有关规定，可以提请公安、交通运输、海关等部门对核心密码、普通密码有关物品和人员提供免检等便利，有关部门应当予以协助。

第二十条　密码管理部门和密码工作机构应当建立健全严格的监督和安全审查制度，对其工作人员遵守法律和纪律等情况进行监督，并依法采取必要措施，定期或者不定期组织开展安全审查。

第三章　商用密码

第二十一条　国家鼓励商用密码技术的研究开发、学术交流、成果转化和推广应用，健全统一、开放、竞争、有序的商用密码市场体系，鼓励和促进商用密码产业发展。

各级人民政府及其有关部门应当遵循非歧视原则，依法平等对待包括外商投资企业在内的商用密码科研、生产、销售、服务、进出口等单位（以下统称商用密码从业单位）。国家鼓励在外商投资过程中基于自愿原则和商业规则开展商用密码技术合作。行政机关及其工作人员不得利用行政手段强制转让商用密码技术。

商用密码的科研、生产、销售、服务和进出口，不得损害国家安全、社会公共利益或者他人合法权益。

第二十二条　国家建立和完善商用密码标准体系。

国务院标准化行政主管部门和国家密码管理部门依据各自职责，组织制定商用密码国家标准、行业标准。

国家支持社会团体、企业利用自主创新技术制定高于国家标准、行业标准相关技术要求的商用密码团体标准、企业标准。

第二十三条　国家推动参与商用密码国际标准化活动，参与制定商用密码国际标准，推进商用密码中国标准与国外标准之间的转化运用。

国家鼓励企业、社会团体和教育、科研机构等参与商用密码国际标准化活动。

第二十四条　商用密码从业单位开展商用密码活动，应当符合有关法律、行政法规、商用密码强制性国家标准以及该从业单位公开标准的技术要求。

国家鼓励商用密码从业单位采用商用密码推荐性国家标准、行业标准，提升商用密码的防护能力，维护用户的合法权益。

第二十五条　国家推进商用密码检测认证体系建设，制定商用密码检测认证技术规范、规则，鼓励商用密码从业单位自愿接受商用密码检测认证，提升市场竞争力。

商用密码检测、认证机构应当依法取得相关资质，并依照法律、行政法规的规定和商用密码检测认证技术规范、规则开展商用密码检测认证。

商用密码检测、认证机构应当对其在商用密码检测认证中所知悉的国家秘密和商业秘密承担保密义务。

第二十六条　涉及国家安全、国计民生、社会公共利益的商用密码产品，应当依法列入网络关键设备和网络安全专用产品目录，由具备资格的机构检测认证合格后，方可销售或者提供。商用密码产品检测认证适用《中华人民共和国网络安全法》的有关规定，避免重复检测认证。

商用密码服务使用网络关键设备和网络安全专用产品的，应当经商用密码认证机构对该商用密码服务认证合格。

第二十七条　法律、行政法规和国家有关规定要求使用商用密码进行保护的关键信息基础设施，其运营者应当使用商用密码进行保护，自行或者委托商用密码检测机构开展商用密码应用安全性评估。商用密码应用安全性评估应当与关键信息基础设施安全检测评估、网络安全等级测评制度相衔接，避免重复评估、测评。

关键信息基础设施的运营者采购涉及商用密码的网络产品和服务，可能影响国家安全的，应当按照《中华人民共和国网络安全法》的规定，通过国家网信部门会同国家密码管理部门等有关部门组织的国家安全审查。

第二十八条　国务院商务主管部门、国家密码管理部门依法对涉及国家安全、社会公共利益且具有加密保护功能的商用密码实施进口许可，对涉及国家安全、社会公共利益或者中国承担国际义务的商用密码实施出口管制。商用密码进口许可清单和出口管制清单由国务院商务主管部门会同国家密码管理部门和海关总署制定并公布。

大众消费类产品所采用的商用密码不实行进口许可和出口管制制度。

第二十九条　国家密码管理部门对采用商用密码技术从事电子政务电子认证服务的机构进行认定，会同有关部门负责政务活动中使用电子签名、数据电文的管理。

第三十条　商用密码领域的行业协会等组织依照法律、行政法规及其章程的规定，为商用密码从业单位提供信息、技术、培训等服务，引导和督促商用密码从业单位依法开展商用密码活动，加强行业自律，推动行业诚信建设，促进行业健康发展。

第三十一条　密码管理部门和有关部门建立日常监管和随机抽查相结合的商用密码事中事后监管制度，建立统一的商用密码监督管理信息平台，推进事中事后监管与社会信用体系相衔接，强化商用密码从业单位自律和社会监督。

密码管理部门和有关部门及其工作人员不得要求商用密码从业

单位和商用密码检测、认证机构向其披露源代码等密码相关专有信息，并对其在履行职责中知悉的商业秘密和个人隐私严格保密，不得泄露或者非法向他人提供。

第四章　法律责任

第三十二条　违反本法第十二条规定，窃取他人加密保护的信息，非法侵入他人的密码保障系统，或者利用密码从事危害国家安全、社会公共利益、他人合法权益等违法活动的，由有关部门依照《中华人民共和国网络安全法》和其他有关法律、行政法规的规定追究法律责任。

第三十三条　违反本法第十四条规定，未按照要求使用核心密码、普通密码的，由密码管理部门责令改正或者停止违法行为，给予警告；情节严重的，由密码管理部门建议有关国家机关、单位对直接负责的主管人员和其他直接责任人员依法给予处分或者处理。

第三十四条　违反本法规定，发生核心密码、普通密码泄密案件的，由保密行政管理部门、密码管理部门建议有关国家机关、单位对直接负责的主管人员和其他直接责任人员依法给予处分或者处理。

违反本法第十七条第二款规定，发现核心密码、普通密码泄密或者影响核心密码、普通密码安全的重大问题、风险隐患，未立即采取应对措施，或者未及时报告的，由保密行政管理部门、密码管理部门建议有关国家机关、单位对直接负责的主管人员和其他直接责任人员依法给予处分或者处理。

第三十五条　商用密码检测、认证机构违反本法第二十五条第二款、第三款规定开展商用密码检测认证的，由市场监督管理部门会同密码管理部门责令改正或者停止违法行为，给予警告，没收违法所得；违法所得三十万元以上的，可以并处违法所得一倍以上三倍以下罚款；没有违法所得或者违法所得不足三十万元的，可以并处十万元以上三十万元以下罚款；情节严重的，依法吊销相关资质。

第三十六条　违反本法第二十六条规定，销售或者提供未经检测认证或者检测认证不合格的商用密码产品，或者提供未经认证或者认证不合格的商用密码服务的，由市场监督管理部门会同密码管理部门责令改正或者停止违法行为，给予警告，没收违法产品和违法所得；违法所得十万元以上的，可以并处违法所得一倍以上三倍以下罚款；没有违法所得或者违法所得不足十万元的，可以并处三万元以上十万元以下罚款。

第三十七条　关键信息基础设施的运营者违反本法第二十七条第一款规定，未按照要求使用商用密码，或者未按照要求开展商用密码应用安全性评估的，由密码管理部门责令改正，给予警告；拒不改正或者导致危害网络安全等后果的，处十万元以上一百万元以下罚款，对直接负责的主管人员处一万元以上十万元以下罚款。

关键信息基础设施的运营者违反本法第二十七条第二款规定，使用未经安全审查或者安全审查未通过的产品或者服务的，由有关主管部门责令停止使用，处采购金额一倍以上十倍以下罚款；对直接负责的主管人员和其他直接责任人员处一万元以上十万元以下罚款。

第三十八条　违反本法第二十八条实施进口许可、出口管制的规定，进出口商用密码的，由国务院商务主管部门或者海关依法予以处罚。

第三十九条　违反本法第二十九条规定，未经认定从事电子政务电子认证服务的，由密码管理部门责令改正或者停止违法行为，给予警告，没收违法产品和违法所得；违法所得三十万元以上的，可以并处违法所得一倍以上三倍以下罚款；没有违法所得或者违法所得不足三十万元的，可以并处十万元以上三十万元以下罚款。

第四十条　密码管理部门和有关部门、单位的工作人员在密码工作中滥用职权、玩忽职守、徇私舞弊，或者泄露、非法向他人提供在履行职责中知悉的商业秘密和个人隐私的，依法给予处分。

第四十一条　违反本法规定，构成犯罪的，依法追究刑事责任；给他人造成损害的，依法承担民事责任。

第五章　附　　则

第四十二条　国家密码管理部门依照法律、行政法规的规定，制定密码管理规章。

第四十三条　中国人民解放军和中国人民武装警察部队的密码工作管理办法，由中央军事委员会根据本法制定。

第四十四条　本法自2020年1月1日起施行。

附录二：编码、密码与政策、法律互动大事件

年份	编码、密码与政策、法律互动大事件
1837	电报发明
1876	电话发明
1894	日军于甲午战争前破译清军电报密码
1895	无线电通信发明
1928	美国最高法院在Olmstead诉美利坚一案裁定，警察电话侦听行为不受宪法第四、第五修正案约束
1929	以周恩来别名命名的豪密诞生
1934	美国《联邦通讯法》通过，禁止对有线通讯的拦截和泄露
1939	法国发布四月法令将用于军事用途的密码纳入战争物资和武器监管
1968	美国《综合犯罪控制与街道安全法》通过，规范了用于犯罪调查的侦听权力
1969	首个分组交换广域网阿帕网启用
1976	《密码学的新方向》发表，Diffie-Hellman密钥交换机制创设
1977	Apple II、Commodore PET 2001和TRS-80 电脑发布
1977	Data Encryption Standard（DES）创设
1978	RSA公钥密码系统发布
1978	美国《外国情报监视法》（FISA）通过，出于国家安全目的的监听合法化
1984	Bennett和Brassard提出量子密钥分发协议BB84

1985	第一个.com域名注册
1986	《存储通信法》（SCA）通过，对执法机构访问客户数据规定了条件
1990	万维网的第一个网站建立，并在1991年8月上线
1991	基于开源加密算法的PGP加密软件上发布
1993	美国开发可实现密码托管的加密设备Clipper Chip
1994	Clipper Chip 漏洞披露
1994	《执法通信协助法》（CALEA）通过，建立和规范具有侦听功能的数字电话网络，也为端到端加密提供了法律可能
1994	Secure Sockets Layer （SSL） 发布
1998	EFF花费了250,000美元“组装”DES cracker
1999	中国《商用密码管理条例》颁布
2001	Advanced Encryption Standard （AES） 创建
2004	王小云提出一种哈希函数的碰撞理论
2008	传说中的中本聪发表《比特币：一种点对点式的电子现金系统》
2012	美国NIST开始危机包括启动后量子密码方向研究项目（PQC）
2013	斯诺登文件披露了美国对全球商业系统的监控，NSA在NIST加密标准中植入后门事件曝光
2014	苹果和谷歌宣布在移动操作系统中对用户数据进行默认加密
2016	FBI要求访问圣贝纳迪诺恐怖袭击一案中使用的加密iPhone，并援引了超过200岁的AWA法案
2016	英国通过《调查权法案》，“更新”了安全机构和警察监控通信数据的权力
2018	澳大利亚通过《2018年电信和其他法律修正（协助和访问）法案》，建立了执法机构和情报机关要求私营部门提供加解密技术协助的法律框架
2019	英国、美国和澳大利亚执法机构与Facebook、苹果等交涉，限制其消息服务的端到端加密
2019	中国《密码法》通过
2020	欧盟发布《通过加密保障安全和加密的安全问题》决议，有关“WARRANT-PROOF”意义上密码的隐私价值与执法义务之间的冲突仍在继续

附录三：澳大利亚政府《信息安全手册》密码使用指引（节选）

本文档描述了密码的一般用法。一旦澳大利亚信号局（ASD）完成相应的密码评估（ACE），加密设备或加密软件的指引即可能以附加要求形式成为本文档的补充，并且优先适用。

一、密码基础

1、概述

加密目的是提供信息的保密性、完整性、可验证性和抗抵赖性。

静态（指存储）的数据加密可减少ICT设备和媒体的物理存储和处理要求，传输的数据加密可用于为通过公共网络基础设施传送敏感或秘密信息提供保护。

当对静态的数据或传输的数据使用加密时，不会降低信息的敏感程度或分类级别。同时由于信息加密，对手访问加密信息的可能性降低，因此也减少了用于加密信息的物理存储和处理要求。由于未加密信息的敏感程度或分类级别不改变，因此（这些）额外的加密并不能进一步降低物理（存储）和处理需求。

（美国）联邦信息处理标准（FIPS）140是用于验证硬件和软件加密模块的美国标准。FIPS 140正处于第二次迭代中，正式版本为FIPS 140–2。本文档将标准统称为FIPS 140，即同样适用于FIPS 140–1，FIPS 140–2和FIPS 140–3（后者未实施）。

FIPS 140不能替代ACE，因为前者仅关注模块的加密功能，不考虑任何其他安全功能。如模块的加密功能已根据FIPS 140进行验证，则ASD可自行决定并与供应商协商，缩小ACE评估的范围。

应使用高认证加密设备（HACE）保护高度秘密的信息。HACE旨在使用加密技术降低高级别秘密信息的物理存储和处理要求。由于HACE的敏感性以及公开信息限制，应在使用之前联系澳大利亚网络安全中心（ACSC）。有关选择评估产品的更多信息，请参阅“评估产品指南”的评估产品采购部分。有关使用HACE的更多信息，请参阅澳大利亚通信安全指令（ACSI）。

全盘加密提供比文件加密更高级别的保护。虽然基于文件的加密可以加密单个文件，但是未加密的文件副本可能会留在操作系统的临时位置。

由于澳大利亚“只视”（AUSTEO）和澳大利亚政府“只读”（AGAO）信息的敏感性，这些信息需要静态加密。

当用户验证ICT设备或存储加密信息媒体的加密功能时，加密信息将可访问。此时ICT设备或媒体应根据其原始敏感度或分类级别进行处理。一旦用户解除加密功能验证（例如，关闭设备、激活锁定屏幕），ICT设备或媒体就应可以返回到可能的较低处理级别。

2、安全控制措施

如希望减少包含敏感信息的ICT设备或媒体的物理存储或处理要求，应使用ASD的批准加密算法（AACA）的加密软件。

如希望减少ICT设备或包含秘密信息的媒体的物理存储或处理要求，应使用已完成ACE评估的加密软件。

如果希望减少包含高度秘密信息的ICT设备或媒体的物理存储或处理要求，应使用HACE设备。

用于静态数据的加密软件实现全磁盘加密或部分加密，其中加密分区访问控制仅允许写入。

用于静态数据的HACE设备实现全磁盘加密或部分加密，其中加密分区访问控制仅允许写入。

除了现有任何加密之外，AACA还用于静态系统时加密AUSTEO和AGAO信息。

加密设备和加密软件提供数据恢复措施，以应对加密密钥由于丢失、损坏或故障而不可用的情况（指令于1998年7月由内阁发布（如适用））。

当用户验证ICT设备或存储加密信息的媒体的加密功能时，根据其原始敏感度或分类级别对其进行处理，直到用户从加密功能解除验证为止。

使用ASD批准的加密协议（AACP）的加密设备或加密软件用于通过公共网络基础设施和不安全的空间传送敏感信息。

已完成ACE评估的加密设备或加密软件可用于通过官方网络、公共网络基础设施和不安全的空间传输秘密信息。

HACE用于通过较低分类、官方网络、公共网络基础设施和不安全空间的网络传递高度秘密的信息。

除了现有的任何加密外，AACP还用于在跨网络基础设施进行通信时保护AUSTEO和AGAO信息。

二、ASD批准的加密算法（AACA）

1、概述

所有提及算法的实现需要经过ACE评估才能获得批准以保护秘密信息。

如果未涉及的高级别认证加密算法在经过ASD高级别认证评估的加密设备中适当实施，则可用于保护高度秘密的信息。有关高级别认证加密算法的更多信息，请联系ACSC。

无法确保算法对当前未知攻击的抵抗力。但列出的算法已经在实践和理论中得到了行业和学术界的广泛审查，并且没有发现易受任何可行的攻击。在某些情况下，发现了理论上的重大脆弱性，但这些结果并没有实际应用。

AACA分为三类：非对称/公钥算法，散列算法和对称加密算法。

批准的非对称/公钥算法是：

Diffie-Hellman（DH）加密会话密钥；

数字签名算法（DSA）；

用于密钥交换的椭圆曲线Diffie-Hellman（ECDH）；

用于数字签名的椭圆曲线数字签名算法（ECDSA）；

Rivest-Shamir-Adleman（RSA）用于数字签名和传递加密会话密钥或类似密钥。

经批准的散列算法是：安全散列算法2（SHA-2）（即SHA-

224、SHA-256、SHA-384和SHA-512）。

批准的对称加密算法是：密钥长度为128、192和256位的高级加密标准（AES），以及三重数据加密标准（3DES）。

如果算法存在密钥长短范围，则某些较短的密钥未获批准，因为无法提供足够的安全以防止未来可能的攻击。例如，整数因子分解方法的进步可能使较小的RSA易受攻击。

Suite B是一组加密算法，已被ASD批准用于特定配置和评估保护机密（SECRET）和绝密（TOP SECRET）信息。Suite B包含以下算法：

加密：AES；

散列：SHA-2；

数字签名：ECDSA；

密钥交换：ECDH。

2015年底，国家安全系统委员会（CNSSAM）发布了有关批准在美国国家安全系统中使用的Suite B算法更改的建议。这些变化旨在帮助行业合作伙伴转向后量子安全，同时考虑到架构变更的实际考虑因素。CNSSAM 02-15对保护绝密（TOP SECRET）信息的建议作了如下修改：

加密：AES-256；

散列：SHA-384；

数字签名：ECDSA（P-384）和/或RSA（3072位或更长）；

密钥交换：DH（3072位或更长），ECDH（P-384）和/或RSA（3072位或更长）。

Suite B和CNSSAM 02-15算法都属于AACA及其批准的配置，对应官方/政务（OFFICIAL）和受保护（PROTECTED）系统。

建议考虑量子计算机对系统的可能影响，以及可能需要调整的任何结果性架构，此类更改可能包括增加密钥长度或更改密钥交换算法。建议传输和/或存储机密或绝密信息的组织咨询ACSC，以获取有关后量子安全性的建议。

加密设备或软件使用未经批准的算法或AACA算法，可能在用户不具备相应知识的情况下进行配置，结合假定的安全可信度，这可能意味着引入安全风险。

在配置实施AACA的加密设备或软件时，可通过禁用未经批准的算法（优先考虑），或建议用户不要通过使用策略未批准的算法来确保只能使用AACA算法。

在过去十年中，DSA和DH密码系统已经受到越来越多的基于亚指数演算的攻击。与DH或DSA相比，ECDH和ECDSA在密钥大小方面的增加提供了更高的安全性，被认为是更安全的替代方案。

密码社区的最佳实践认为DH（的位数/模数）至少为2048比特，小于1024比特被认为是弱的加密。

密码学界认为最佳实践的DSA至少为2048比特，小于1024比特被认为是弱的加密。

椭圆曲线算法中使用的曲线会影响算法的安全性，只应使用批准的椭圆曲线。

密码社区认为最佳实践的ECDH的字段/密钥大小至少为256位。小于160位的字段/密钥大小被认为是弱的加密。

密码学界认为最佳实践的ECDSA的字段/密钥大小至少为256位。小于160位的字段/密钥大小被认为是弱的加密。

密码社区认为最佳实践的RSA至少为2048比特。小于1024比特被认为是弱的加密。

密码社区的研究表明，安全散列算法1（SHA-1）容易受到“碰撞”攻击。2017年，研究人员演示了与可移植文档格式（PDF）文件的SHA-1冲突。应使用SHA-2系列的散列算法代替SHA-1。

使用分组密码的电子密码本模式允许明文中的重复模式作为密文中的重复模式出现。大多数明文，包括书面语言和格式化文件都包含重要的重复模式。因此攻击者可以使用它来推断密文的可能含义。使用诸如伽罗瓦/计数器模式、密码块链接、密码反馈或输出反馈之类的其他模式可以防止此类攻击，每种模式具有不同的属性。

对于3DES使用三个不同的密钥被认为是实用的唯一安全选项。所有其他选项都容易降低3DES安全性和易受攻击，因此不安全。应使用经过批准的AES实施，而不是3DES（如适用）。

ASD已经批准了Suite B的加密算法用于保护高度秘密的信息。这些算法仅在实施评估才能批准。CNSSAM 02-15建议对其中一些算法进行更改，并建议优先考虑这些算法而不是Suite B算法。

2、安全控制措施

如果使用AACA的加密设备软件，则只能使用AACA。

ECDH和ECDSA优先于DH和DSA使用。

当使用DH加密会话密钥时，使用至少1024位，优选2048位。

当使用DSA进行数字签名时，使用至少1024位，优选2048位。

使用椭圆曲线加密时，使用FIPS 186-4的椭圆曲线。

当使用ECDH加密会话密钥时，使用至少160位，优选256位密钥。

当使用ECDSA进行数字签名时，使用至少160位，优选256位密钥。

当使用RSA进行数字签名，并传递加密会话密钥或类似密钥时，使用至少1024位，优选2048位。

当使用RSA进行数字签名以及传递加密会话密钥或类似密钥时，用于传递加密会话密钥的密钥对与用于数字签名的密钥对应不同。

使用SHA-2系列的散列算法代替SHA-1。

电子密码本模式中不使用对称加密算法。

3DES与三个不同的密钥一起使用。

Suite B和CNSSAM 02-15规定的算法应经评估配置。

优选使用CNSSAM 02-15而不是Suite B算法来保护高度秘密的信息。

三、ASD批准的密码协议（AACP）

1、概述

为以保护秘密信息，提及的密码协议的实施需要经过ACE评估以获得批准。

未涉及的HACE协议如用于经过ASD高级别认证评估的加密设备，则可用于保护高度秘密信息。有关高级别认证加密协议的更多信息，请联系ACSC。

一般而言，ASD仅批准使用已通过正式评估的加密设备和软件。ASD可以批准使用某些加密协议，即使其在特定加密设备或软件中的使用尚未由ASD正式评估，但批准仅限于根据本文档规定的情况。

AACP包括：

传输层安全性（TLS）

安全外壳（SSH）

安全/多用途Internet邮件扩展（S/MIME）

OpenPGP消息格式

Internet安全协议（IPsec）

Wi-Fi保护访问协议2（WPA2）。

加密设备或软件使用未经批准的协议或AACP协议，可能在用户不具备相应知识的情况下进行配置，结合假定的安全可信度，这可能意味着引入安全风险。

在配置实施AACP的加密设备或软件时，可以通过禁用未批准的协议（优先考虑），或建议用户不要通过使用策略未批准的协议来确保只能使用AACP。

虽然许多AACP协议支持身份验证，但应该意识到这些身份验证机制并非万无一失。还应安全实施和保护这些（认证）机制。 可以通过提供适当的私钥保护以确保正确管理证书和认证过程，包括证书撤销检查以及使用合法的身份注册等。

如果使用AACP的加密设备或软件，则只能使用AACA。

2、TLS/SSL

术语安全嵌套层（SSL）和TLS传统上可互换使用。但是，由于SSL 3.0不再属于AACP，“SSL”指SSL 3.0及更低版本（原文如此），而“TLS”是指TLS 1.0及更高版本。

新版的TLS 1.3于2018年8月发布。应使用最新版本的TLS。

使用TLS的ICT设备或软件时，还需要在本指引ASD批准的密码协议部分中查阅使用AACP的安全控制。

Galois计数模式下的AES用于对称加密（如可用）。

使用支持安全重新协商的TLS。

如果无法进行安全重新协商，则禁用重新协商。

DH或ECDH用于密钥建立。

不使用匿名DH。

尽可能使用基于SHA-2的证书。

密码套件配置尽可能将使用SHA-2作为消息验证代码和伪随机函数的一部分。

使用完全正向保密（PFS）可以减少TLS会话受损的影响。应使用PFS与TLS连接。

3、SSH

在使用部署SSH的ICT设备或软件时，还需在本指引的ASD批准的密码协议部分中查阅使用AACP的安全控制。

SSH版本1已发现存在许多安全漏洞，因此已被版本2取代，应禁用SSH版本1。当SSH以不安全的方式配置时，存在许多安全风险。例如使用基于主机的身份验证转发连接和访问权限，以及允许系统管理员登录。以下配置（略）基于OpenSSH，使用其他SSH应调整这些配置（信息）。

由于密码短语更容易受到猜测攻击，因此基于公钥的身份验证方案提供比基于密码短语更强的身份验证。因此如果使用密码短语，应采取对策以减少暴力攻击的可能性。

SSH连接应使用基于公钥的身份验证，SSH私钥应受密码短语或密钥加密密钥保护。

如果出于自动化目的使用无密码短语的登录，则可能出现安全风险，具体而言包括：

（1）如果来自未知互联网协议（IP）地址的访问不受限制，攻击者可以自动向系统进行身份验证，而无需知道任何密码短语；

（2）如果未禁用端口转发，或者未安全配置端口转发，则可以获得对转发端口的访问，从而在对手和主机之间创建信道；

（3）如果启用了代理凭据转发，攻击者可以连接到存储的身份验证凭据，并使用它们连接到其他可信主机，甚至是允许端口转发的内网主机；

（4）如果未禁用X11显示器远程处理，对手可以控制显示器以及键盘、鼠标的控制功能；

（5）如果允许控制台访问，登录控制台的每个用户都可以运行通常仅限于经过身份验证的用户的程序。

为了帮助减轻这些安全风险，必须使用“强制命令”选项来指定执行的命令和启用的参数检查。使用没有密码短语的自动化登录时，应禁用以下内容：

（1）从不需要访问的IP地址访问；

（2）端口转发；

（3）代理凭证转发；

（4）X11显示远程处理；

（5）控制台访问。

如果在不使用密码短语的情况下使用远程访问，应使用“强制命令”选项来指定执行的命令，并启用参数检查。

SSH代理或其他类似的密钥缓存程序保存和管理存储在工作站上

的私钥，并响应远程系统的请求以验证这些密钥。当SSH代理启动时，会请求用户的密码来解锁用户的私钥。后续访问远程系统由代理执行而无需用户重新输入其密码。屏幕锁定和到期密钥缓存确保用户的私钥不会长时间保持解锁状态。此外，为了限制凭证暴露，只有在需要SSH遍历时才应启用代理凭据转发。

使用SSH代理或其他类似的密钥缓存程序时，应仅用在具有屏幕锁定的工作站和服务器上，密钥缓存设置为在不活动的四小时内到期，并且仅在需要SSH遍历时才启用代理凭据转发。

4、S/MIME

S/MIME 2.0要求使用比本文档批准使用的密码更弱的加密（40位密钥），3.0版是第一个成为IETF标准的版本。不使用早于3.0的S/MIME版本。

选择实施S/MIME应该意识到许多内容过滤器无法检查加密的邮件和不适当内容的附件，以及基于服务器的防病毒软件扫描病毒和其他恶意代码。

使用部署S/MIME的ICT设备或软件时，还需要在本指引的ASD批准的密码协议部分中查阅使用AACP的安全控制。

5、IPsec

使用部署IPsec的ICT设备或软件时，还需要在本指引的ASD批准的密码协议部分中查阅使用AACP的安全控制。

大多数IPsec作为Internet安全关联密钥管理协议（ISAKMP）的一部分以实现处理多种身份验证方法，包括数字证书、加密的即时或预共享密钥。这些方法可以考虑使用。

IPsec可以在传输模式或隧道模式下运行。隧道操作模式提供IP

分组的完全封装，而传输操作模式仅封装IP分组的有效载荷。

隧道模式用于IPsec连接；如果使用传输模式，则应使用IP隧道。

IPsec包含两个主要协议：Authentication Header（AH）和Encapsulating Security Payload（ESP）。为了提供安全的虚拟专用网络（VPN）连接，需要进行身份验证和加密。AH和ESP可以分别为整个IP数据包和有效负载提供身份验证。然而，ESP通常优先用于认证，因为AH本质上具有网络地址转换限制。但如果需要以网络地址转换功能为代价来实现最大安全性，则ESP可以包含在AH内部，然后AH将对整个IP数据包，而不仅仅是加密的有效负载进行身份验证。ESP协议应用于IPsec连接。

有多种方法可以为IPsec连接建立共享密钥，包括手动密钥和Internet密钥交换（IKE）版本1和2。IKE解决了与手动密钥相关的许多安全风险，因此是首选的方法。建立IPsec连接时，IKE应用于密钥交换。

由于所有交换都受到保护，因此ISAKMP主要模式提供比主动模式更高的安全性。如果在IKE版本1中使用ISAKMP，则禁用主动模式。

使用四小时或14400秒的安全关联生命周期，以提供安全性和可用性之间的平衡。

批准的哈希消息认证码（HMAC）算法是HMAC-SHA256、HMAC-SHA384或HMAC-SHA512。HMAC-SHA256、HMAC-SHA384或HMAC-SHA512应用于HMAC算法。

使用更长的DH可为密钥交换提供更高的安全性。所需的最小模数大小在本指引的ASD认证加密算法部分中规定。在进行密钥交换时，使用网络中所有相关组件可能的最大模数。

使用PFS可以降低安全关联危害的影响。PFS应用于IPsec连接。

使用IKE版本1的XAuth存在与其使用相关的漏洞。对于使用IKE版本1的IPsec连接，应禁用XAuth。

四、密码系统管理

1、概述

密码系统由密码设备和密钥材料组成。通常本文档中为系统指定的安全控制同样适用于密码系统。但如果密码系统的安全控制不同，则此部分中包含的变化和本文档中其他地方规定的安全控制措施优先适用。

如果怀疑密钥材料盗用的情形（例如，通过Internet盗取、丢失、复制或传送），那么用该密钥材料加密的先前和未来通信的保密性和完整性也可能受到损害。

ACSI 107适用于包括承包商在内的所有组织。其要求涵盖用于保护高度秘密信息的HACE。对于涉及怀疑用于HACE的密钥材料的网络安全事件，ACSC将调查事件风险的可能性，并在可能的情况下采取行动以降低影响。

在密钥状态下传输商业级密码设备（CGCE）可能使其中的密钥材料暴露于潜在的危害中。因此，如果CGCE以密钥状态运输，则应根据其中的密钥材料的敏感程度或分类级别进行。

可以使用HACE来保护高度秘密的信息。ACSI 53、ACSI 103、ACSI 105、ACSI 107、ACSI 173和特定设备原则概述了使用HACE需要遵守的要求。

由于加密设备可以保护敏感或秘密信息，因此应对其存储实施其他物理安全控制。

2、安全控制措施

任何可疑的密钥材料泄露应通知通信安全保护人员。

任何可疑的HACE或相关密钥材料的泄露都应通知ACSC。

当怀疑被泄露时，应撤销密钥材料。

对于基于密钥的CGCE，其中的密钥材料应按照敏感度或分类级别进行传输。

使用HACE时，应符合ACSI 53、ACSI 103、ACSI 105、ACSI 107、ACSI 173和设备特定原则。

根据加密设备处理的信息的敏感程度或分类级别，将加密设备存储在满足服务器/室要求的场所中。

使用HACE的区域与其他区域分开，并规定为密码控制区域。